Mike Horn

Nordpol bei Nacht

Mike Horn

Nordpol bei Nacht

Eine Expedition
in Eis und Finsternis

Unter Mitarbeit von
Jean-Philippe Chatrier

Aus dem Französischen von
Enrico Heinemann

Mit 16 Seiten Farbbildteil
und einer Karte

Mehr Bäume.
Weniger CO₂.
www.cpibooks.de/klimaneutral

Mehr über unsere Autoren und Bücher:
www.malik.de

Bibliografische Information der Deutschen Nationalbibliothek
Die Deutsche Nationalbibliothek verzeichnet diese Publikation in der
Deutschen Nationalbibliografie; detaillierte bibliografische Daten
sind im Internet über http://dnb.d-nb.de abrufbar.

MALIK NATIONAL GEOGRAPHIC

Deutsche Erstausgabe
Piper Verlag GmbH, München
1. Auflage Dezember 2010
2. Auflage Juni 2012
© Piper Verlag GmbH, München 2010
© XO Édition 2007
Titel der französischen Originalausgabe: »Objectif: Pôle Nord de nuit«,
erschienen bei XO Édition in Paris.
Redaktion: Renate Dörner
Umschlaggestaltung: Dorkenwald Grafik-Design, München
Umschlagfotos: Sebastian Devenish (vorne), Mike Horn (hinten links und
Autorenfoto), Børge Ousland (hinten rechts)
Innenteilfotos: Sebastian Devenish: Tafeln 1, 2; Mike Horn: Tafeln 3,
5 oben r./unten, 6 oben, 7 oben, 7 unten l., 8, 9 oben/unten r., 10, 11 oben,
12 oben l., 12/13 unten, 13 oben l., 14, 15, 16; Børge Ousland: Tafeln 4,
5 oben l., 6 unten, 7 unten r., 9 unten l., 11 unten, 12 oben l., 13 oben r.
Satz: seitenweise, Tübingen
Kartografie: Noël Meunier
Papier: Naturoffset ECF
Druck und Bindung: CPI – Clausen & Bosse, Leck
Printed in Germany   ISBN 978-3-492-40401-3

Das Papier wurde aus chlorfrei gebleichtem Zellstoff hergestellt.

»Sie wussten nicht, dass es unmöglich war, also haben sie es getan.«

Mark Twain

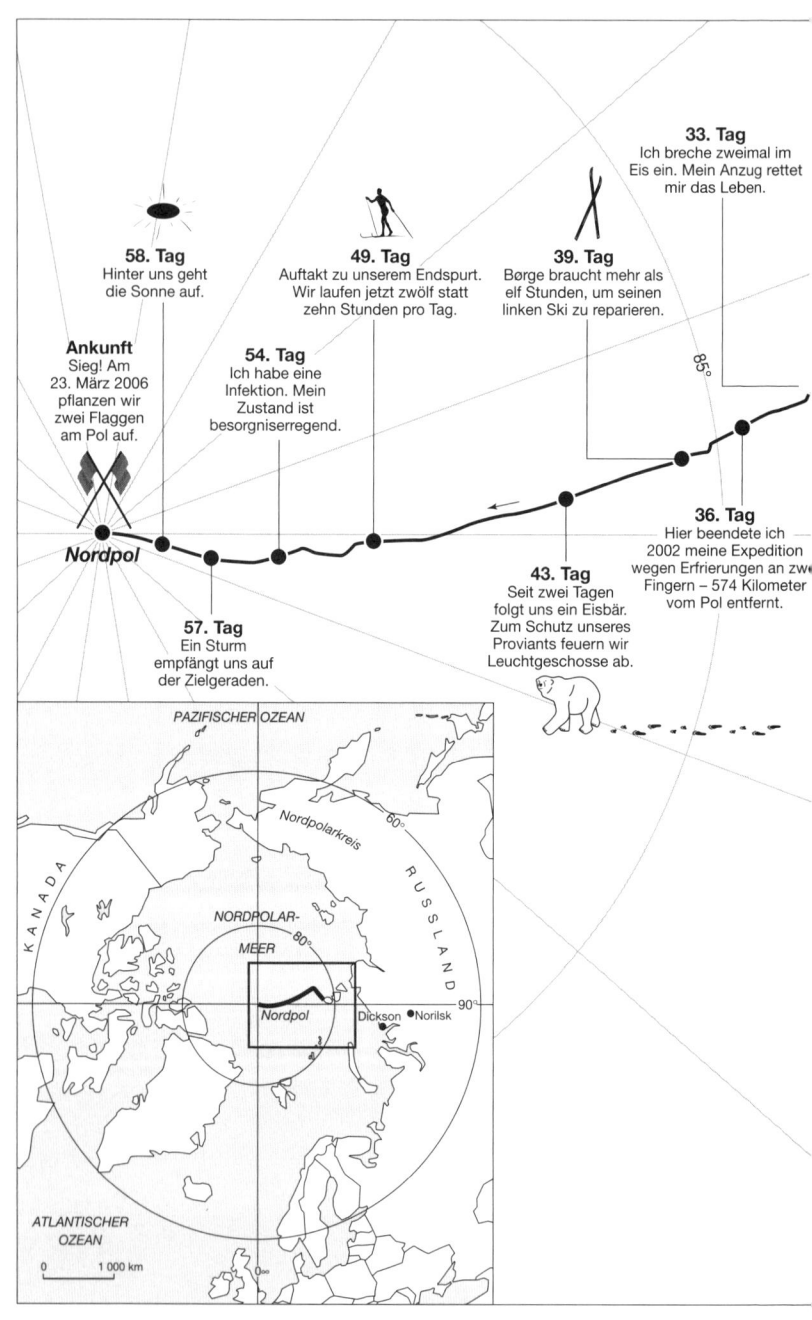

33. Tag
Ich breche zweimal im Eis ein. Mein Anzug rettet mir das Leben.

58. Tag
Hinter uns geht die Sonne auf.

49. Tag
Auftakt zu unserem Endspurt. Wir laufen jetzt zwölf statt zehn Stunden pro Tag.

39. Tag
Børge braucht mehr als elf Stunden, um seinen linken Ski zu reparieren.

85°

Ankunft
Sieg! Am 23. März 2006 pflanzen wir zwei Flaggen am Pol auf.

54. Tag
Ich habe eine Infektion. Mein Zustand ist besorgniserregend.

Nordpol

57. Tag
Ein Sturm empfängt uns auf der Zielgeraden.

43. Tag
Seit zwei Tagen folgt uns ein Eisbär. Zum Schutz unseres Proviants feuern wir Leuchtgeschosse ab.

36. Tag
Hier beendete ich 2002 meine Expedition wegen Erfrierungen an zwei Fingern – 574 Kilometer vom Pol entfernt.

PAZIFISCHER OZEAN

Nordpolarkreis

60°

K A N A D A

R U S S L A N D

NORDPOLAR-
MEER

80°

Nordpol

90°

Dickson ● ●Norilsk

ATLANTISCHER
OZEAN

0°

0   1 000 km

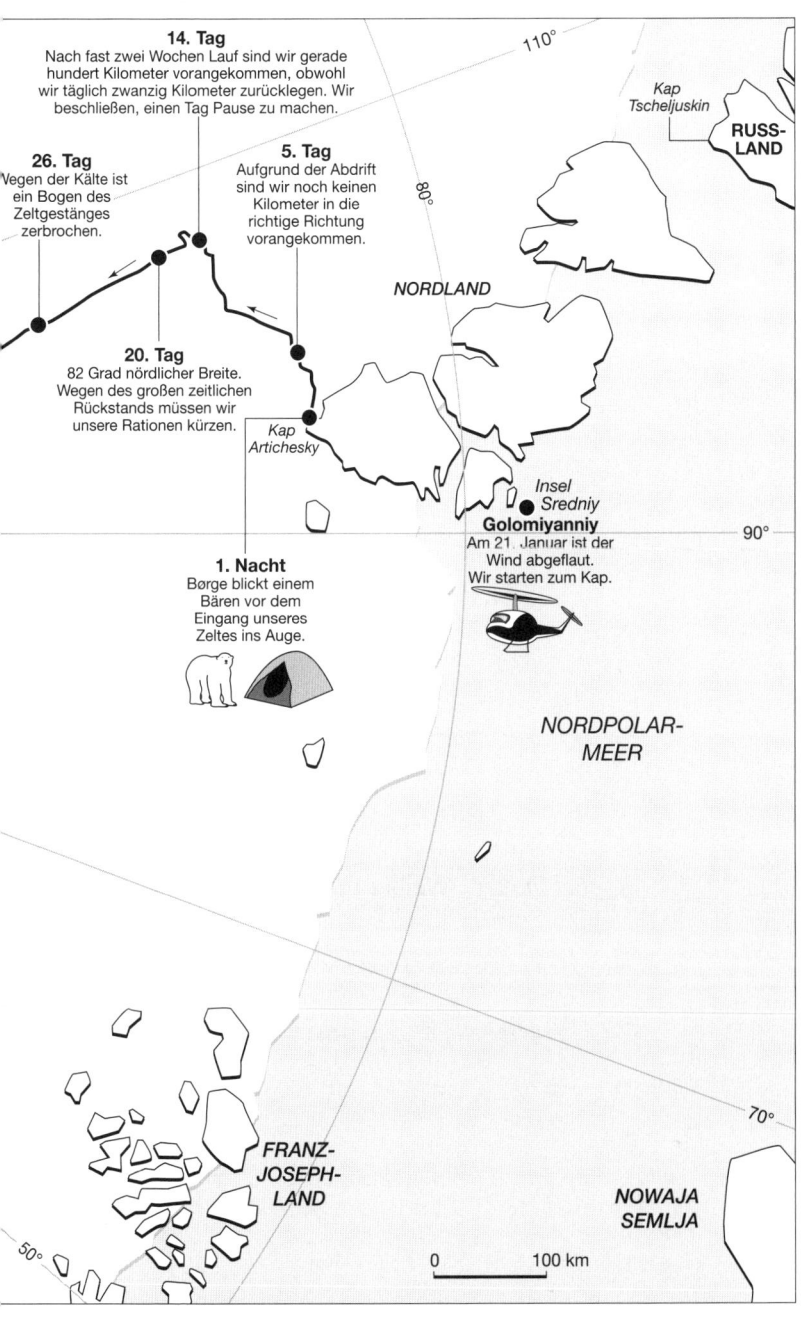

14. Tag
Nach fast zwei Wochen Lauf sind wir gerade hundert Kilometer vorangekommen, obwohl wir täglich zwanzig Kilometer zurücklegen. Wir beschließen, einen Tag Pause zu machen.

110°

Kap Tscheljuskin

RUSS-LAND

26. Tag
Vegen der Kälte ist ein Bogen des Zeltgestänges zerbrochen.

5. Tag
Aufgrund der Abdrift sind wir noch keinen Kilometer in die richtige Richtung vorangekommen.

80°

NORDLAND

20. Tag
82 Grad nördlicher Breite. Wegen des großen zeitlichen Rückstands müssen wir unsere Rationen kürzen.

Kap Artichesky

Insel Sredniy
Golomiyanniy
Am 21. Januar ist der Wind abgeflaut. Wir starten zum Kap.

90°

1. Nacht
Børge blickt einem Bären vor dem Eingang unseres Zeltes ins Auge.

NORDPOLAR-MEER

FRANZ-JOSEPH-LAND

NOWAJA SEMLJA

70°

50°

0   100 km

Inhalt

Kapitel Eins

Als Freunde zogen wir los, als Brüder kehrten wir zurück

Børge Ousland und ich sind zu Fuß zum Nordpol gelaufen, mitten im Winter, also in tiefer Nacht. Na und, werden die meisten sagen: Das sind doch nur tausend Kilometer. Und auch die Kälte von durchschnittlich – 40 °C und die ständige Dunkelheit – das ist doch für Männer, die das Packeis so gut kennen wie wir, eine Kleinigkeit. Dagegen steht die Tatsache: Wir sind die Ersten und bislang Einzigen, denen dieses Unternehmen geglückt ist.

Der Leser möge selbst urteilen. Mein Bericht über unsere Nordpol-Expedition schildert Abenteuer, wie ich sie auf meinen bisherigen Extremtouren noch nicht erlebt hatte. Es war ein ständiges Wechselbad zwischen Begeisterung und äußerster Strapaze, zwischen Euphorie und Verzweiflung. Immer wieder in Todesgefahr, immer wieder nur mit Glück davongekommen.

Wir schlugen uns über zwei Monate lang durch eine Region, in der extreme, buchstäblich unmenschliche Verhältnisse herrschen, unter denen Menschen auf Dauer nicht existieren können. Nie konnten wir uns ganz sicher sein, die nächsten 24 Stunden zu überleben.

Eine weitere Erschwernis bedeutete unser Zusammenleben zu zweit, praktisch ohne Intimsphäre. Das Leben des einen lag jeden Tag, jede Stunde und jeden Augenblick in den Händen des anderen, auch wenn dieser »andere« ein langjähriger und altbewährter Freund ist, dem man vertraut – das war vielleicht die größte Herausforderung.

Dieses Buch erzählt die Geschichte eines triumphalen Erfolgs, es erzählt, wie Børge und ich unser Ziel erreicht haben, im Kampf gegen eine unberechenbare, gefährliche Natur, die gnadenlos sein kann. Auch gegen die menschliche Natur. Und wie wir sie bezwungen haben.

Und es erzählt, wie wir als Freunde loszogen und als Brüder zurückkehrten.

Unsere Expedition verstehe ich auch als ein Gleichnis für das Leben und seine Herausforderungen. Sie zeigt, welche Eigenschaften helfen, das Dasein zu meistern und die Aufgaben, die es stellt, zu bewältigen. Gemäß dem Grundsatz: Nur wenn die Begeisterung stärker ist als die Angst vor dem Scheitern, hat man eine Chance.

Der Leser, der unser Zweierteam auf seiner abenteuerlichen Expedition begleitet, wird dabei einen dritten »Helden« entdecken: sich selbst. Er kann sich in diesem Abenteuer wie in einem Spiegel selbst erkennen, als Held des Alltagslebens. Wir alle müssen oft einen übervoll beladenen Schlitten ziehen. Auch wenn die Arme und Beine nicht mehr weiterwollen, lässt der Held des Lebens mit der Kraft seiner Entschlossenheit nicht nach.

So wie wir auf unserem Weg zum Nordpol. Wenn es unserem Bericht gelingt, im Leser den Ansporn und die Begeisterung zu wecken, seinen eigenen Traum zu verwirklichen, dann haben wir erreicht, was wir wollten.

Kapitel Zwei

Kap Albtraum

Nur die Landescheinwerfer durchdringen die tiefe Finsternis. Die Hubschrauber der Taymir Air wirken wie Mondlandefähren, die ihr Ziel erreicht haben. Wir laden hastig aus und sammeln unsere Ausrüstung zusammen.

Dann fällt uns das merkwürdige Verhalten der Piloten auf. Piloten, die einen in einer so lebensfeindlichen Gegend abgesetzt haben, wollen gewöhnlich immer nur eines: möglichst schnell wieder wegkommen. Wenn man beim Aussteigen und Entladen zu lange braucht, heißt es sonst immer: »*Bystra! Bystra!*« – Tempo! Tempo!

Diesmal nicht. Ihre zögernde, abwartende Art erscheint uns zunächst seltsam. Dann wird uns blitzartig klar: Sie glauben, dass wir wieder einsteigen und zurückfliegen werden!

Aber warum sollten wir das jetzt tun? Schließlich haben wir hart darum gekämpft, endlich hierherzukommen. Wir haben sehr viel Geld für den Transport gezahlt, haben ihnen Zweck und Ziel unseres Vorhabens deutlich erklärt, und zwar mehrfach.

Aber um die Piloten zu verstehen, brauchen wir uns nur hier umzuschauen. Vor uns öffnet sich das Tor zur Hölle.

Wir blicken in die scheinbar endlose Polarnacht. Es herrscht eine klirrende Kälte, die kein Mensch auf Dauer überleben kann. Unter solchen Bedingungen hat sich bislang noch keiner in diese Region hineingewagt.

Ein finsterer Abgrund tut sich vor uns auf. Hinter den paar Metern, die die Scheinwerfer ausleuchten, liegt das Nichts. Nur Finsternis und offene Stellen im Eis, die wir nicht sehen und die uns zu verschlingen drohen, sobald wir uns in unserem Größenwahn – oder Irrsinn – einen Schritt weiterwagen.

Selbst im Hellen ist das Kap im Norden der sibirischen Komsomolez-Insel der schrecklichste Ort, den ich kenne. Für mich ist er als einziger auf der Welt das Symbol der totalen Selbstaufgabe. Weil man seinen Namen kaum auszusprechen wagt, kürzt man ihn meist mit »Kap A« ab.

Wie viele Abenteurer, die den Pol erobern wollten, hat hier schon gleich nach der Ankunft ihr Mut verlassen, und sie sind in den Hubschrauber zurückgeklettert!

Und das erwarten die russischen Piloten offenbar auch von uns. Diese hartgesottenen Kerle scheinen uns sagen zu wollen: »Los, Jungs, der Spaß ist vorbei. Ihr habt gesehen, was auf euch zukommt. Jetzt könnt ihr wieder nach Hause gehen. Das versteht doch jeder.«

Und es kommt mir ein bisschen so vor, als hätten sie ein schlechtes Gewissen, wenn sie uns hier zurücklassen würden: Das Kap Artichesky ist weniger ein Ort als vielmehr ein finsterer Mythos. Viele, die sich – selbst im Polarsommer bei Helligkeit – über diesen Punkt hinausgewagt haben, sind nie wieder zurückgekehrt.

Wir machen den Piloten klar, dass wir nicht hergekommen sind, um jetzt einen Rückzieher zu machen. Dass wir hier sind, hat seine guten Gründe. Vor allen anderen die flammende Begeisterung, die uns beide seit dem Tag umtreibt, an dem Børge diesen verrückten Gedanken hatte.

Schweigend respektieren die Russen, dass wir es ernst meinen. Wir umarmen unsere beiden Fotografen Sebastian Devenish und Kjell Ove Storvik noch einmal. Nach letzten Aufnahmen steigen sie an Bord. Die Rotoren drehen sich wieder mit voller Kraft und wirbeln einen Schneesturm auf. Schwerfällig heben die Hubschrauber ab und bleiben einen Augenblick über uns in der Luft stehen. Für kurze Zeit tauchen sie uns ins gleißende Licht ihrer Scheinwerfer. Ein letztes Handzeichen von uns, und sie und ihr greller Schein entschwinden. Ab jetzt und für die nächsten zwei Monate werden uns nur noch unsere Stirnlampen einen Weg durch die eisige Finsternis bahnen.

Als das Knattern der Rotoren vollends verstummt ist, hören Børge und ich nur noch das heftige Pochen unseres Herzens in der Brust.

Wir schnallen unsere Skier an. Lange blicke ich auf die Zeichnungen, mit denen sich meine Töchter Annika und Jessika vor meiner letzten Expedition auf meinen Brettern verewigt haben: Schweizer Flaggen, Herzen, Blumen, Polarbären, ein Haus, das an unseres erinnert, und kleine Figuren, die meine Familie darstellen. Die Bilder sollen mich begleiten und mir Glück bringen. Und meine Töchter haben Wünsche dazugeschrieben: »Viel Glück!« – »Du fehlst uns!« Wenn ich ihre Schrift sehe, höre ich in Gedanken ihre Stimmen und erinnere mich daran, dass sie immer bei mir sind und mir Kraft und Mut geben.

Andere nehmen Fotos ihrer Familie mit. Ich habe lieber diese Zeichnungen: Sie verkörpern meine Töchter so lebendig und aktiv, wie ich sie in Erinnerung habe. Ein Foto erscheint mir dagegen tot, schon im Moment der Aufnahme. Im Übrigen schleppe ich bei meinen Expeditionen grundsätzlich nur Proviant und unentbehrliche Ausrüstungsteile mit.

Wir befestigen unsere schwer bepackten Schlitten an Leinen an unseren Zuggeschirren, dazu das Schlauchboot, ein Kanu, das wir in Norilsk gekauft haben. Beim Schleppen dieser zusätzlichen 54 Kilogramm Gewicht wechseln wir uns ab.

Auf dem Weg zum Ozean kommen wir am Wrack eines Militärfahrzeugs vorbei, ein Relikt aus dem Kalten Krieg. Seine gespenstische Silhouette taucht wie ein Unheil verheißendes Vorzeichen aus der Nacht auf. Oder wie eine Warnung: Hier endet jede Zivilisation, jedes menschliche Leben. Ab dieser Grenzlinie helfen einem weder Geld noch bestes Hightech-Gerät weiter. Wer diesen Punkt überschreitet, ist ganz auf sich selbst gestellt.

Wenn wir den Fuß auf das Eis – also auf das Polarmeer – setzen, haben wir tatsächlich den Punkt überschritten, von dem aus es keine Umkehr mehr gibt. Auf dem Festland könnte man uns jederzeit bergen. Dort kommen Hubschrauber überall hin. Aber auf den Millionen Quadratkilometern einer Eiskappe, die ständig in Bewegung ist, und in absoluter Dunkelheit ist das anders.

Ich versuche, die Angst zu vertreiben, die noch durch meine Gedanken spukt. Angst ist ein Alarmsignal, das in der Phase, in der wir uns befinden, keinen Sinn mehr hat.

Hier gibt es praktisch keinen Übergang zwischen Festland und Ozean. Wir halten unwillkürlich inne, bevor wir den entscheidenden Schritt tun, mit dem wir uns den Unwägbarkeiten des Polareises ausliefern. Bevor wir uns ins gefährliche Unbekannte stürzen.

Unter den Kapuzen unserer Parkas tauschen wir einen Blick. Als wollten wir beide ein letztes Mal die Entschlossenheit des anderen prüfen. Ab jetzt bewegen wir uns einer hinter dem anderen weiter, meist in so großem Abstand zueinander, dass kein normales Gespräch möglich ist.

Wortlos setzen wir den ersten Ski auf das Eis.

Wenn es mir gelingt, meine Angst zum Schweigen zu bringen, wird eine leise Stimme in mir immer lauter: Sie fragt mich unablässig, warum zum Teufel ich mich an so einen Ort begeben habe! Ist es die Stimme der Vernunft?

Kapitel Drei

Der Herr des Schnees

Es begann mit einem nächtlichen Anruf im Oktober 2004. Ich bin soeben in mein Haus in Château-d'Œux in der Schweiz zurückgekehrt. Hinter mir liegt die Expedition Arktos, meine Erdumrundung entlang des Polarkreises, die zwei Jahre und zwei Monate gedauert hat. Ich erhole mich gerade erst von den Strapazen dieses Abenteuers.*

Es ist Børge Ousland. Er ruft von seinem Haus in der Region Oslo aus an. Trotz der späten Stunde freue ich mich, von ihm zu hören. Børge ist mir ein sehr guter Freund geworden – nachdem er eine Zeit lang in Sachen Expeditionen auf dem Eis mein Guru gewesen ist. Er hat mich, den Südafrikaner, der vor seinem 20. Lebensjahr noch nie eine Schneeflocke gesehen hatte, mit seiner Leidenschaft für den hohen Norden angesteckt.

Andere hatten mir den Weg geebnet: Jean Troillet, der Bezwinger von acht Achttausendern im Himalaya ohne künstlichen Sauerstoff, Erhard Loretan, der alle 14 Gipfel erstürmt hat, alles nahe Vertraute und große Bergsteiger. Aber Børge hat mich am meisten inspiriert.

* Mike Horn, *Abenteuer Polarkreis. Zwei Jahre Kälte, Eis und Einsamkeit*, München 2006.

Der gebürtige Osloer, früher Nordmeertaucher und Mitglied der Spezialkräfte der norwegischen Marine, hat 1986 eine Serie von Großtaten mit einer »kleinen« Grönlanddurchquerung (immerhin 880 Kilometer) eröffnet: 1990, ebenfalls auf Skiern, erreichte er den Nordpol von der kanadischen Insel Ellesmere aus, ohne Unterstützung von außen und ohne Proviantnachschub. 1994 zog er vom Kap Artichesky aus erneut in Richtung Nordpol los, diesmal solo, und kam dort nach 52 Tagen im April an. Am 15. November 1996 brach er zum Südpol auf, startete auf der Berkner-Insel im Weddell-Meer und langte 2845 Kilometer weiter und 64 Tage später an der Basis McMurdo an: Damit hat er als erster Mensch allein und ohne Unterstützung von außen die Antarktis durchquert. Im Jahr 2001 gelang ihm das Gleiche mit der Arktis, indem er sich solo von Sibirien über den Nordpol bis Kanada durchkämpfte. Dem Ruf der Berge folgte er auf einer Klettertour am Cho Oyu, einem Achttausender im Himalaya. 2003 durchquerte er mit Thomas Ulrich unter denselben Bedingungen die Gletscher von Südpatagonien.

Als ich Anfang 2002 meinen ersten Versuch unternahm, zum Nordpol vorzustoßen, wandte ich mich an Børge Ousland, den ich damals noch nicht kannte. Er war für mich der Größte. Wer hätte mich besser beraten können als der Mann, der als Erster allein sowohl den Nordpol erreicht als auch die Antarktis durchquert hatte? Um diesen ungewöhnlichen Menschen aus nächster Nähe kennenzulernen, zog ich bei ihm zu Hause ein in seinem malerischen Haus an der norwegischen Küste mit Blick auf den Fjord. Ich wollte alles über ihn erfahren: wie er lebte, tickte, reagierte und welche alltäglichen Gewohnheiten er hatte … Anschließend, so dachte ich, wüsste ich Bescheid, ob ich in der Lage sein würde, in seine Fußstapfen zu treten.

Ich entdeckte eine erstaunliche Person, eine Zen-Natur, ruhig und gelassen. Er erinnerte an ein Reptil, das mit dem kleinsten Quäntchen seiner Energie haushaltet. Er machte den Eindruck, als könne er seine Pulsfrequenz so weit absenken, wie man es bei den Rekordhaltern des Apnoetauchens beobachtet hat … Wenn er einem einen Kaffee anbietet, können zwei volle Stunden verstreichen, ehe man endlich daran nippt.

Da er meine Motive schätzte, vermittelte er mir in wenigen Tagen die ganze Erfahrung, die er in den zehn Jahren seiner Polarexpeditionen erworben hatte. »Ich will dir helfen, als Zweiter den Pol allein zu erreichen«, sagte er mir.

Bestärkt durch seinen Rat kehrte ich nach Hause zurück und begann meine Ausrüstung zusammenzustellen. Drei Wochen vor meinem Aufbruch zum Pol fehlte immer noch vieles.

Ich teilte Børge Ousland meine Sorgen mit. Zwei Tage später traf er mit einem riesigen Seesack in unserem kleinen Landhaus ein. Er ging meine Ausrüstung durch und fällte seine Urteile: »Das geht o. k. Das nicht … Das könnte gehen … und das da kannst du vergessen.«

Mit einem Taschenmesser durchtrennte er die Gummis in meinen Fäustlingen und erklärte mir, dass mein Blut ungehindert zirkulieren können muss, wenn ich Erfrierungen vermeiden will. »Du musst die Hände in die Fäustlinge stecken können, wie man einen Wagen in die Garage fährt«, sagte er. Dann zog er Nylonschnüre durch die Zungen der Reißverschlüsse, damit ich sie problemlos würde öffnen und schließen können. Nachdem er mein Zelt begutachtet hatte, schärfte er mir ein, das Aufstellen so lange zu trainieren, bis es binnen zwanzig Sekunden klappt. »Wenn es bei −40 °C länger dauert, bist du tot«, fügte er ungerührt hinzu. Dann öffnete er seinen Seesack und zog ein Paar garantiert unzerbrechliche Skistöcke heraus. Dazu eine wasserdichte Innenhülle für meinen Schlafsack: Ohne sie sammle sich Schweiß an, erklärte er. Und der würde gefrieren und den Schlafsack jeden Tag um ein halbes Kilogramm schwerer machen.

Am Ende überreichte mir dieser Weihnachtsmann mit seinem Sack aus dem hohen Norden das schönste aller Geschenke: die Packeisschuhe, die ihn selbst bis zum Nordpol getragen hatten! Solche Schuhe hatte bereits der große Pionier Fridtjof Nansen auf seinen ersten Expeditionen benutzt. Diese riesigen Quadratlatschen hatten fünf Größen mehr als meine normalen Schuhe. Sie boten Platz für meine Füße, für mehrere wärmende Socken und für zusätzliche schützende Hüllen.

Børges Großzügigkeit machte mich ganz verlegen. Gerührt lehnte ich seine Gaben zunächst ab. Aber er drückte mir seine Stiefel in die Hände und reichte die wärmenden Innenschuhe nach.

»Es ist mir wichtig, dass du mit sämtlichen Zehen wieder nach Hause kommst!«, sagte er.

Auch wenn ich später meine eigenen Erfahrungen gesammelt und daraus Lehren gezogen habe, sind mir Børge Ouslands Lektionen, seine »Tricks«, seine Philosophie und seine Begeisterung für die Arktis immer in Erinnerung geblieben. Sie haben das Gelingen meiner letzten

Expedition wesentlich befördert und beträchtlich dazu beigetragen, dass ich lebendig zurückgekehrt bin. Und dass er sich im Oktober 2004 bei den norwegischen Grenzsoldaten für mich einsetzte, hat es erst möglich gemacht, dass ich meine Erdumrundung entlang dem Polarkreis zu Ende bringen konnte.

Denn Børge ist ein Star. In seinem Heimatland, dessen Name in der Landessprache *Norge* lautet und so ganz ähnlich klingt wie seiner, ist er fast so populär wie König Harald oder Kronprinz Haakon. Für mich ist er so etwas wie ein älterer Bruder. Nicht so sehr, weil er vier Jahre älter ist als ich (er ist am 31. Mai 1962 geboren) als vielmehr wegen seiner immensen Erfahrung. Dagegen erscheint mir meine eigene geradezu unbedeutend. Für mich ist er der König, der Herr der Arktis. Ein blonder Wikinger-Hüne, vor dem ich großen Respekt habe und für den ich ebenso viel Freundschaft empfinde.

Er ist der Herr des Schnees – das sage ich voller Ehrfurcht und Bewunderung.

Entsprechend andächtig höre ich jetzt zu, als er mir den Grund seines nächtlichen Anrufs mitteilt. Er schlägt mir ein Projekt vor:

Er will mit mir die tausend Kilometer vom sibirischen Kap Artichesky bis zum Nordpol zu Fuß zurücklegen, und zwar im Winter, also bei völliger Dunkelheit und ohne jede Möglichkeit einer Versorgung von außen.

Børge hat diese Expedition bereits 1994 unternommen, damals aber im März und April, also hauptsächlich bei Helligkeit. Das gleiche Projekt in der Polarnacht zu realisieren wäre für ihn die Kirsche auf seinem norwegischen Omelett. Zufällig hatte auch ich schon daran gedacht, ein solches Unternehmen zu wagen, und zwar allein. Aber dann ließ ich die Idee fallen.

Warum? Weil man sich dazu zwei Monate lang gewissermaßen blind über einen Untergrund bewegen muss, bei dem es sich anders als in der Antarktis nicht um »Festland«, sondern um eine sich ständig bewegende Fläche aus Wasser und Eis handelt. Tiefes Wasser und so dünnes Eis, dass es nicht trägt. Die Eismassen in der Arktis sind wie ein atmendes Ungeheuer, dessen gepanzerte Schuppen sich dauernd gegeneinander verschieben. Wenn man auf diesem Eis einschläft, wacht man mit Sicherheit kilometerweit entfernt wieder auf. In der Antarktis ist man bei einem Schneesturm in seinem Zelt (sofern es gut befestigt ist) in Sicherheit. Dagegen schwebt man in der Arktis in Lebensgefahr, weil der Sturm die Eisplatten gegeneinander verschiebt und sie zerbersten lässt. Jeden Augenblick kann der Untergrund unter dem Zelt aufbrechen und es mitsamt seinen Insassen verschlingen. Diese Umgebung ist so gefährlich, dass es in den letzten zehn Jahren keinem gelungen ist, sie im Sommer, wenn die Sonne nie untergeht, ganz zu durchqueren. Umso weniger in der Polarnacht, wenn überall Fallen lauern. In meinem Kopf purzeln Gedanken und Bilder durcheinander: die unermesslichen Weiten des zugefrorenen Polarmeers; hoch aufragende gefährliche Eismassen, die man erst sieht, wenn man sie direkt vor der Nase hat; Labyrinthe aus Eis, deren Durchgänge kaum zu finden sind; raubgierige Bären, die jäh wie Gespenster in der Dunkelheit auftauchen; Winde, die zu dieser Jahreszeit am heftigsten über die Eiswüste hinwegfegen und Temperaturstürze verursachen, die einen zu einfallsreichen Vorkehrungen zwingen, wenn man im Schlaf nicht erfrieren will; die unablässigen Sturmböen, die das Packeis nach Süden treiben und einen wie auf einem gigantischen Förderband immer wieder zurückwerfen; und schließlich das Salzwasser, dessen Feuchtigkeit alle Kleidungsstücke durchdringt, sodass sie nie ganz trocknen.

Und wenn etwas schiefläuft, kann einen kein Hubschrauber retten. Auf dem driftenden Packeis ist jede Position, kaum dass sie durchgegeben wurde, schon wieder überholt. In der vollständigen Dunkelheit sind wir für die Piloten fast unsichtbar, und der Abschuss von Leuchtraketen kann daran kaum etwas ändern. Und schließlich reicht der Treibstoff der Hubschrauber nicht weit genug, als dass man uns jenseits eines bestimmten Punktes noch suchen könnte. Für Sommerexpeditionen können an Fallschirmen Treibstofffässer abgeworfen werden, um den Aktionsradius der Helikopter zu erweitern. Aber für Winterexpeditionen funktioniert das nicht: Die Fässer fallen ins offene Wasser, durchschlagen das Eis, treiben von dem Ort, wo sie gebraucht werden, zu weit ab oder werden in der Dunkelheit nicht mehr gefunden. Ohnehin gibt es für Hubschrauber ein striktes Verbot, die arktische Polkappe bei Dunkelheit zu überfliegen oder auf ihr aufzusetzen!

Fazit: Die Wahrscheinlichkeit, dass wir scheitern, ist sehr hoch. Und vielleicht kehren wir nie wieder zurück. Ein so gefährliches Unternehmen verlangt mehr als den vollen Einsatz: Dauernd steht unser Leben auf dem Spiel. Wir bewegen uns sozusagen in einen finsteren Tunnel hinein, in dem wir ab einem bestimmten Punkt nicht mehr umkehren können. Dann haben wir die Wahl: das andere Ende erreichen oder umkommen …

Was Børge Ousland mir da vorschlägt, ist das gefährlichste Projekt meines Lebens, nicht mehr und nicht weniger. Trotzdem muss ich nicht lange überlegen. Erstens muss ich zum Nordpol zurückkehren. Bei meinem ersten Versuch 2002 habe ich dort etwas zurückgelassen: meine Finger. Na ja, zumindest teilweise. Und was noch schwerer wiegt: Damals musste ich 15 Tage vor dem Ziel aufgeben: Meine Daumen, Mittelfinger und Ringfinger waren schwarz geworden. Wäre ich noch einen Tag länger auf dem Eis geblieben, hätten mir größere Amputationen gedroht. Das war mein Eintrittsgeld für den Nordpol. Jetzt will ich mir das Recht nehmen, ganz zu ihm vorzustoßen. Überhaupt finde ich: Der Nordpol schuldet mir eine Revanche.

»Klar mache ich mit!«, rufe ich begeistert.

Ich schließe mich Børges Projekt sofort an, weil es Schwierigkeiten – extreme Kälte, Wind, treibendes Packeis, offenes Wasser, Eisbären, Polarnacht … – kombiniert, die es zur größten Herausforderung meines Lebens machen. Zumindest im hohen Norden. Bei dieser Expedition sind mein ganzes Wissen und alle Erfahrungen gefordert, die ich bisher auf meinen Touren in der Polarregion gesammelt habe.

Die faszinierendste Herausforderung für mich ist dabei die Finsternis der Polarnacht. Die ständige Dunkelheit, die deprimiert, selbstmörderische oder mörderische Antriebe auslösen kann und die schläfrig macht. Die Inuit fassen dies alles unter dem Begriff *cabin fever* (»Hüttenkoller«) zusammen. Auch dagegen werden wir mit aller Kraft ankämpfen müssen.

Wie könnte ich mich vor einer solchen Herausforderung drücken?

Das Projekt birgt noch eine weitere Schwierigkeit: Ich muss aus dem Stand heraus lernen, als Teil eines Tandems zu funktionieren. Børge hat mir nämlich eine einleuchtende Lösung vorgeschlagen, auf die ich selbst nicht gekommen bin. Wie wird ein Unternehmen möglich, das weder er noch ich allein bewältigen können?

Ganz einfach: indem wir es gemeinsam durchführen. In der Polarnacht auf einer Eiskappe, deren Schollen sich ständig unter den Füßen verschieben, in dieser lebensfeindlichen Umgebung, in der ein Einzelner auch mit bestem Können und größter Erfahrung nicht bestehen kann, haben zwei Kämpfer vielleicht eine Chance. Allerdings nur, wenn sich die Fähigkeiten und »Spezialitäten« der beiden Teammitglieder in einen perfekten Einklang bringen lassen. Und ich bin überzeugt davon, dass wir mit der ganzen Erfahrung, die wir beide in der Arktis gesammelt haben, eine reale Möglichkeit zum Erfolg haben.

Unsere jeweiligen Trümpfe ergänzen sich hervorragend. Børge besitzt eine einzigartige Kenntnis und Vertrautheit mit dem hohen Norden und insbesondere mit der Nordpolarregion. Er ist bis heute der Einzige, der den Nordpol vom Kap Artichesky aus erreicht hat. Nicht umsonst nenne ich ihn den »König der Arktis«. Er versteht sich wie kein anderer auf die komplizierte Kunst, die beste Route zur Durchquerung einer Landschaft aus gigantischen zerborstenen Eisblöcken zu finden, eine gefährliche finstere Wasserfläche zu umgehen oder den einzigen Weg durch kompakte und schier unüberwindliche übereinandergeschobene Eismassen zu finden. Auf dem Eis und in klirrender Kälte arbeitet er schnell, präzise und effizient, während ich mit meinen Fingern, deren Vorderglieder teilweise amputiert und deshalb für Erfrierungen besonders anfällig sind, für die Erfüllung der einfachsten Aufgaben viel mehr Zeit brauche. Mit Børge habe ich die größten Aussichten auf Erfolg.

Er hat sie aber auch mit mir. Deswegen hat Børge mich ausgesucht: Meine Spezialität ist die Orientierung. Insbesondere bei Dunkelheit.

Verglichen mit Børge, der alle seine Expeditionen bei Tageslicht durchführte, verfüge ich über den Vorteil, dass ich es seit meiner letzten Expedition »Arktos« gewohnt bin, mich durch die Polarnacht zu bewegen. In diesen langen Monaten der Dunkelheit habe ich Dinge erkennen gelernt, die andere nicht sehen. Und die ich früher auch nicht gesehen habe.

Ich habe eine Orientierungsgabe, wie andere einen »grünen Daumen« oder einen Instinkt für die beste Berufsplanung haben. Während meiner Weltumrundung entlang dem Äquator habe ich mich im Amazonasgebiet zehn Tage lang durch den Dschungel geschlagen, ohne auf ein GPS-Gerät zu schauen. Am Ende hatte ich mich nur neun Meter vom Äquator entfernt.

Mein besonders guter Orientierungssinn hat stark zum Erfolg meiner Expeditionen beigetragen, indem er meine körperlichen Ressourcen schonen und kostbare Energie sparen half. Ich hoffe, er wird auch diesmal von großem Nutzen sein. Meine Fähigkeit, unter allen Umständen, auch bei Dunkelheit, Kurs zu halten, wird mein wichtigster Beitrag zu unserer gemeinsamen Expedition sein.

Und schließlich stellt diese Expedition für mich eine völlig neue Erfahrung dar, weil ich – abgesehen von einer »Lernphase« während einer versuchten Grönlanddurchquerung mit Jean Troillet und Erhard Loretan – bisher immer allein unterwegs gewesen bin.

Auch wenn Børge den ersten Schritt getan hat, habe ich den Eindruck, dass wir uns gegenseitig ausgesucht haben, um uns gemeinsam in dieses Abenteuer mit all seinen Gefahren zu stürzen. Einfach deshalb, weil wir Respekt voreinander und vor dem haben, was wir sind und was jeder von uns erreicht hat. Børge hält mich mit Blick auf die körperliche und seelische Widerstandsfähigkeit, Leidensfähigkeit und Zähigkeit für ebenbürtig. Ich bin entschlossen, ihn auf keinen Fall zu enttäuschen.

Ich weiß, dass auch er bereit ist, seine eigenen Grenzen zu überschreiten, um sich meine Wertschätzung zu erhalten. Für uns beide wäre der Verlust der Achtung des anderen wohl noch schlimmer als ein Scheitern.

Eines ist jedenfalls sicher: Børge Ousland und ich sind für unseren Erfolg aufeinander angewiesen. Wir sind auf Gedeih und Verderb voneinander abhängig und können nur als Team überleben.

Kapitel Vier

Ziel: Nordpol

Unsere Expedition soll im Januar starten, in der schlimmsten Zeit des Polarwinters. Wir legen bereits das »offizielle« Datum unserer Ankunft am Pol fest: den 23. März. Die Tagundnachtgleiche des Frühjahrs liegt um den 21. März, aber ihre Erkennungszeichen sind in der Arktis nicht so klar wie in unseren Breiten. Deshalb lassen wir uns zwei Tage Spielraum. Diesen 23. März werden wir ab jetzt im Kopf behalten und den Termin um jeden Preis einzuhalten versuchen. Er ist ein Ziel, ein Ansporn und eine Verpflichtung, über uns selbst hinauszuwachsen, wenn der Augenblick da ist – und der kommt gewiss –, an dem uns nichts anderes mehr bei der Stange hält.

Um am 23. März anzukommen, müssen wir Mitte Januar starten. Zu dieser Zeit ist das Eis noch ziemlich unstabil, weil es erst in den langen Wintermonaten richtig fest wird. Es ist noch zerbrechlich, beweglich und an manchen Stellen gefährlich dünn. Und wir müssen mit vielen riesigen eisfreien Stellen rechnen, die wir umlaufen müssen, wenn wir sie nicht durchqueren wollen. Der Umweg um diese Riesenseen kann Stunden, ja Tage kosten und uns in unserem Zeitplan beträchtlich zurückwerfen.

Sie zu durchqueren ist daher oft die bessere Lösung. Dazu gibt es drei Möglichkeiten. Erstens könnten wir ein aufblasbares Kanu benutzen. Wir werden uns eines beschaffen, es aber nur für ausreichend lange Stecken einsetzen, auf denen wir dann auch an Bord schlafen. Infrage kommt vor allem die Strecke direkt nach dem Aufbruch am Kap Artichesky. Wahrscheinlich werden wir ein großes Stück paddeln müssen, bevor wir eine feste Eisdecke erreichen. Wir hoffen, immer seltener auf offene Stellen zu treffen, je weiter wir nach Norden kommen. Irgendwann werden wir das aufblasbare Kanu zurücklassen und damit gewissermaßen Ballast abwerfen.

Als zweite Möglichkeit könnten wir unsere Schlitten als Pirogen, ähnlich wie indianische Einbäume, nutzen. Wenn zur Ladung allerdings noch unser Körpergewicht dazukommt, können sie leicht kentern. Wenn wir dann ohne wasserdichte Kleidung mit über Bord gehen, bedeutet dies den sicheren Tod.

Die dritte Möglichkeit ist wohl die einzig wirklich praktikable: Wir steigen ins Wasser und durchschwimmen die eisfreien Stellen. Das ist natürlich nur mit Spezialausrüstung möglich.

Bevor Børge 2001 die Arktis von Sibirien über den Nordpol bis nach Kanada durchquerte, hat er sich von Helly Hansen einen wasserdichten Anzug anfertigen lassen, in den man mit seiner gesamten Kleidung hineinschlüpfen kann. Diese orangefarbene dicke Kluft aus Nylon ist an den Gliedmaßen geschlossen. Die Kapuze lässt nur einen Teil des Gesichts frei. Der lange Reißverschluss verläuft vom Schritt bis zum Kinn und ist an der Innenseite durch eine durchgehende Lamelle verstärkt, die das Wasser draußen hält. Absolut wasserdicht, umgibt er den Körper mit einer schützenden, isolierenden Luftschicht. Man sieht zwar in ihm wie ein Michelin-Männchen aus, kann sich so aber gefahrlos in die eisigen Fluten wagen. Und die sind trotz ihrer niederen Temperaturen, verglichen mit der umgebenden Luft, geradezu warm. Richtig eisig wird es erst beim Verlassen des Wassers. Wir müssen uns anschließend im Schnee wälzen, um das Wasser am Anzug abzutrocknen, ehe es zu einem Eispanzer gefriert.

Der Anzug hat allerdings einen ziemlich großen Nachteil. Der Wasserdruck presst ihn mitsamt unseren Kleidern darunter zusammen. Dadurch entweicht die Luft zwischen den verschiedenen Stofflagen, sodass wir die Isolationsschichten und damit auch Wärme verlieren. Nach zwanzig Minuten droht eine Unterkühlung.

Zwanzig Minuten … Längere Aufenthalte im Wasser können wir uns also nicht leisten. Da wir aber meist gar nicht wissen, wie weit die Eiskante am anderen Ende entfernt ist, müssen wir mitunter russisches Roulette spielen.

Und es gibt noch ein kleines Problem: Es besteht das Risiko, dass uns einer der vielen Polarbären, die am offenen Wasser auf der Lauer liegen, mit einer Robbe verwechselt und uns mit seinen Riesentatzen zu Hackfleisch verarbeitet. Diese eisfreien Stellen bieten den Raubtieren eine Chance, sich mit Nahrung letzte Fettvorräte anzufressen, bevor alles vollends zufriert und sie sich endgültig in die Winterruhe begeben müssen.

Die Zeit von Januar bis Februar liegt mitten in ihrer Jagdsaison. Dann sind sie besonders aggressiv.

Unser Hauptfeind in der Polarnacht ist jedoch die Kälte. Obwohl das Thermometer in der Nordpolarregion selten unter die Marke von – 45 °C fällt, verschärfen die Stürme im Winter die Kältewirkung dramatisch. Immer muss man für den schlimmsten Fall gewappnet sein. Eine Tabelle zu den »Kältewirkungen« bei Wind fasst die Verhältnisse nüchtern zusammen.

– 1 °C und wärmer: frisch. Leicht unangenehm.

– 10 bis – 1 °C: unangenehm kalt.

– 18 bis – 10 °C: sehr kalt.

– 29 bis – 18 °C: beißende Kälte. Leichte Gefahr. Wenn die Haut der Kälte länger ausgesetzt wird, sind Erfrierungen möglich.

– 50 bis – 29 °C: Intensive Kälte. Hohe Gefahr. Wenn die Haut der Kälte länger ausgesetzt wird, sind Erfrierungen wahrscheinlich.

unter – 50 °C: Extremkälte. Sehr hohe Gefahr. Binnen 30 Sekunden drohen der Haut Erfrierungen.

Ich beuge mich über ein Foto, das einen Fuß mit erfrorenen Zehen zeigt. Sie wirken wie verkohlt mit brandigen Stellen – kein schöner Anblick. Und die nächste Aufnahme, die nach der Amputation gemacht wurde, kann einem Albträume bescheren.

Eine andere Tabelle zur »Kältewirkung des Windes« stellt einen Zusammenhang zwischen der Windgeschwindigkeit (8 km/h, 18 km/h, 24 km/h, 32 km/h, 40 km/h etc.) und den umgebenden Temperaturen (zwischen 0 und – 50 °C) her. In der Arktis bewegen sich die durchschnittlichen Temperaturen gewöhnlich zwischen

– 20 und – 45 °C. Die Windgeschwindigkeit schwankt zwischen 16 und 48 km/h. Starke Winde erhöhen die Kältewirkung auf der Haut. Mit anderen Worten: Bei Wind wird die Kälte stärker gespürt, und sie wirkt auch stärker. Bei einer Lufttemperatur von – 50 °C und einer Windgeschwindigkeit von 8 km/h spüren wir – 54 °C. Bei einer Windgeschwindigkeit von 24 km/h herrscht eine »gefühlte« Kälte von – 79 °C.

Der Windgott Äolus ist folglich unser schlimmster Gegner. Er verstärkt immens die Wirkung der Kälte auf unseren Körper, der seine Energievorräte deshalb noch schneller aufzehrt. Wir müssen ständig mit einem riesigen Kraftaufwand gegen ihn ankämpfen. Als besondere Bosheit treibt er auch noch fast ständig das Eis, über das wir uns bewegen, und damit auch uns entgegen unserer Laufrichtung ab. Und schließlich müssen wir seinetwegen regelmäßig Umwege laufen, damit er uns nicht frontal ins Gesicht bläst und wir Erfrierungen riskieren.

In dieser lebensfeindlichen Umgebung müssen wir ständig im Auge behalten, wie schnell man erfrieren kann. Die tragische Expedition von »Kapitän« Robert Falcon Scott, der 1911/12 zum Südpol zog, habe ich noch lebhaft im Gedächtnis. Als er am 17. oder 18. Januar 1912 am Pol eintraf, fand er dort ein kleines Zelt und einen Brief seines Rivalen, des Norwegers Roald Amundsen, vor, der ihm um 35 Tage zuvorgekommen war. Auf dem Rückmarsch hinderte ein besonders heftiger Blizzard Scott und seine vier Begleiter daran, ihr Versorgungslager zu erreichen. Sie kamen nacheinander um. Als zweiter starb Kapitän Oates. Am Ende der Kräfte und mit einem erfrorenen Fuß verließ er am Morgen seines 32. Geburtstages mit den berühmt gewordenen Worten das Zelt: »Ich gehe nur eben raus. Es könnte etwas länger dauern.« Seine Leiche wurde nie gefunden.

Weil ich selbst schon mehrfach kurz vor dem Kältetod war, weiß ich, dass Oates praktisch nicht gelitten hat. Bei so niederen Temperaturen genügt es, dass man sich hinsetzt, die Augen schließt … und einnickt. Es tut nicht weh.

Die kritische Grenze, ab der eine Rast tödlich werden kann, liegt für Børge und mich zwischen – 48 und – 54 °C. Eine Unterkühlung ist bei solchen Temperaturen fast unausweichlich. Wenn man sich unter diesen Bedingungen nicht mehr bewegt, hat man nur noch einige Minuten zu leben. Die medizinischen Experten raten uns dringend, ab – 50 °C in einer beheizten Unterkunft zu bleiben. Ich werde folglich in meinen Kleidern ausharren.

Ousland und ich werden jeweils von einem anderen Partner eingekleidet. Meine Montur für den Lauf setzt sich so zusammen: eine dünne Schicht aus reiner Wolle, eine dickere Schicht Polarwolle, eine Schicht aus Synthetikfaser, darüber ein windundurchlässiger Parka und eine ebensolche Hose. Die Handschuhe sind nach dem gleichen Prinzip geschichtet. Dazu kommen eine Mütze und eine Gesichtsmaske gegen die Kälte. Alle Bestandteile meiner Kleidung sind besonders leicht, damit sie mich beim Laufen möglichst wenig belasten. Meine warme bequeme Unterwäsche, meine Hosen und Parkas bekomme ich wieder von meinen treuen Partnern und Unterstützern bei Eider. Gemeinsam mit ihnen perfektioniere ich die Ausstattung und achte dabei vor allem auf die Durchlüftung. Wir entwerfen einen der besten Polarparkas auf dem Markt, auch wenn er dort (vorerst) noch nicht zu haben ist. Aus leichtem, aber trotzdem hervorragend isolierendem Material gefertigt, besitzt dieser Prototyp an den Schultern einen »Kamin«. Wenn es in der Kleidung zu warm wird, kann ich ihn mit einem Reißverschluss mühelos öffnen, anstatt etwas ausziehen zu müssen. Die Taschen lasse ich etwas verkleinern – eine wertvolle Gewichtsersparnis von ein paar Dutzend Gramm. Mit dem neuen Format kann ich gerade meine Fäustlinge hineinstecken, sodass ich keinen unnötigen Ballast mit mir herumtrage. Außerdem kann ich festgefrorenes Eis so besser entfernen.

Bleibt noch der Pelzbesatz meiner Kapuze. Solche Felle habe ich immer benutzt, weil sie das Gesicht vor den Böen des Polarwindes besser als alles andere schützen. Manche habe ich in Russland, andere in Kanada beschafft. Diesmal wende ich mich an Noël Fourrures, eines der ältesten Genfer Pelzhäuser, auf das ich über meinen Freund Laurent Albisati aufmerksam geworden bin. Ich weiß, dass es gute Arbeit liefert, nur Zuchttiere verwendet und so bedrohte Arten schützen hilft.

Das Zelt bekommen wir von Børges bisherigen Sponsoren. Wir entscheiden uns für eines mit einer doppelten Wand in Tunnelform, also mit parallelen anstatt gekreuzten Bögen wie bei einem Kuppelzelt. Ich bitte nur um eine Ausführung mit zwei Einstiegen, damit jeder eine Tür und einen Vorraum hat, in dem er am Abend seine Kleider und Schneeschuhe von Eis und Schnee befreien kann, ohne dem anderen ins Gehege zu kommen.

Vom Ausrüster meines Partners bekommen wir auch die Schlafsäcke, Schlitten aus verstärktem Kevlar, Schuhe und Ski mit Stöcken gestellt. Die Geschirre, in denen wir die Schlitten ziehen, sind gängige Modelle wie bei einem Rucksack. Die Schuhe sind wieder so groß, dass unsere Füße mit sämtlichen wärmenden Hüllen hineinpassen: ein feiner Wollstrumpf, eine Plastiktüte, ein Strumpf aus dicker Wolle, ein feuchtigkeitsundurchlässiges Futter und ein Strumpf aus dicker Synthetikfaser.

In der Arktis besonders lästig ist die allgegenwärtige salzhaltige Feuchtigkeit des Polarmeers. Sie dringt überall ein und zwingt uns, besondere Ausrüstungsteile wie wasserdichte Innenfutter mitzunehmen, die wir in der weitaus trockeneren Kälte der Antarktis nicht bräuchten. Die Kunststofffütterung unserer Schlafsäcke muss mit der Wärmelampe an die Innenseite »angeschweißt« werden, weil Klebstoff der Extremkälte nicht standhält. Das verhindert, dass sich der Stoff mit Schweiß vollsaugt, der anschließend gefrieren würde.

Unsere Telemark-Skier sind leicht verbreitete Modelle mit Rottefella-Bindungen, die an drei Punkten verankert werden. Der einfache Mechanismus schließt leicht und lässt sich nach einem Sturz ins Wasser wieder genauso leicht öffnen. Solche Bindungen habe ich schon auf meiner letzten Expedition benützt. Beim Anlegen schiebt man nur den Fuß in das Metallgestell. Der Hebel über der Schuhspitze wird mit dem Skistock niedergedrückt, damit man sich nicht zu bücken braucht, und so auch wieder geöffnet. Es handelt sich um die einfachste manuelle Bindung auf dem Markt, die uns mit Sicherheit am wenigsten Probleme bereiten wird. Unsere Skier sind mit Streifen aus künstlichem Robbenfell bespannt. Diese gewährleisten einen besseren Halt und verhindern, dass uns der Schlitten bei leichten Steigungen mit seinem Gewicht nach hinten zieht. Sie bedecken nur ein Drittel der Unterseite der Bretter, damit sie das Gleiten nach vorn nicht behindern. Befestigt sind sie mit versenkten Schrauben und Drähten, die unter Metall eingesenkt nach hinten gespannt sind. Bei Bedarf können wir sie so leicht ersetzen. Und weil der mit Sicherheit eintreten wird, nehmen wir von den Fellen zwei Ersatzpaare mit.

Børges kleiner Sohn Max streicht unsere vier Skier ganz weiß an. Meine beiden Töchter werden sie dann mit Zeichnungen schmücken. Wir nehmen zusätzlich einen Markenski von Salomon mit, der ein regulärer Sponsor von mir ist. Nur einen Ski mit Bindung als eine Art Ersatzrad.

Statt uns mit einem großen, schweren Schlitten abzuschleppen, nehmen wir beide je zwei »kleinere« von 1,80 bzw. 1,40 Metern Länge mit. Sie werden an einem leicht zu öffnenden Karabiner aneinanderhängen und eine Gesamtlast von ungefähr 170 Kilogramm tragen. Sie lassen sich leichter durch Schneeverwehrungen und zwischen Eisblöcken hindurchmanövrieren als ein einzelner großer. Und man bekommt sie auch leichter wieder frei, wenn sie in einem Eistunnel oder Loch feststecken. Vor allem in der Dunkelheit und bei Schneematsch.

Ich beschaffe den Kocher, mit dem wir Schnee schmelzen, Wasser erhitzen und unsere Mahlzeiten auftauen werden. Bei Morand nach meinen Wünschen sonderangefertigt, ist er – mit größeren Maßen – identisch mit dem Kocher, den ich auf meiner Erdumrundung entlang dem Nordpolarkreis mitgenommen habe. Unser jetziges Modell ist zudem besonders stabil und hält die Hitze besser.

Petzl verbessert eigens für uns die Geräte, ohne die wir in den kommenden beiden Monaten nicht überleben könnten: unsere Stirnlampen. Sie funktionieren mit Lithium-Batterien der Marke Ultima, die sieben Mal so lange halten wie traditionelle Alkali-Mangan-Batterien. Sie verlieren in der Kälte kaum Ladung. Da unsere Lampen mit ihren drei Helligkeitsstufen jeden Tag eine Batterie verbrauchen, nehmen wir sechzig Stück mit. Klein und ultraleicht, sitzen sie ganz oben auf dem Kopf und werden so unter der Kapuze erwärmt. Dank dieses Aufbaus können wir uns schlafen legen, ohne die Lampen abnehmen müssen.

Mit der Außenwelt kommunizieren werde ich dank einer Ausrüstung, die Markus Wyss und Pascal Bovet im Auftrag von Swisscom Mobile für mich konstruiert haben. Mit ihrem System kann ich direkt über einen Taschen-PC und auf dem Umweg über mein Satellitentelefon Tonaufnahmen und Fotos – in einer niederen Auflösung zum schnelleren Versenden – an meine Familie, Freunde, Sponsoren und all diejenigen auf dem Globus versenden, die im Internet meine Expedition verfolgen. Und auch meine von Swisscom Mobile bereitgestellte *Combox* nehme ich mit, ein Mailsystem, mit dem ich täglich einen kleinen Bericht des Tages versenden kann. Dieses *news bulletin* verschicke ich vornehmlich in Form von MMS (Multimedia Messaging Service) auf die Handys all derer, die ein Abonnement dafür haben. Es kann auch auf meine Website hochgeladen werden, die Mark Turner, der Partner von Ellen MacArthur bei Offshore Challenges, gestaltet.

Børge und ich verwenden auf jedes Stück Kleidung und jedes noch so kleine Teil unserer Ausrüstung deswegen so viel Zeit und Sorgfalt, weil von ihrer Qualität und Zuverlässigkeit unser Leben abhängt. Darin liegt der – oft nicht wahrgenommene – Unterschied zwischen einer Expedition *mit* und einer *ohne* Unterstützung wie der unseren. Im ersten Fall reist der Expedition ein Team hinterher, das auf Abruf alle Teile reparieren oder ersetzen kann.

Dagegen ist bei uns ab dem Zeitpunkt, da wir gestartet sind, alles unersetzlich!

Und auf eines können wir schon während der Vorbereitungen nicht verzichten: auf Geld! Da ich mit der Finanzierung der Expedition betraut bin, suche ich in Genf meinen alten Freund Johan Rupert auf, einen Südafrikaner, der den Konzern Richemond leitet. Um ihn für eine Unterstützung zu gewinnen, veranstalte ich für ihn und seinen Freund Monty Shadow eine Präsentation unseres Vorhabens mit Bildern. Johan versucht mir die Sache auszureden, weil er sie für zu gefährlich hält:

»Mike, ich will, dass du hierbleibst. Nach der Tour entlang dem Nordpolarkreis musst du dir nichts mehr beweisen. (Das hat er mir schon damals vor der Abreise gesagt.) Lass das sein – das ist doch Selbstmord.«

Ich erläutere ihm, warum mir diese Herausforderung so viel bedeutet und warum ich überzeugt bin, dass Børge und ich es schaffen können.

Johan sieht ein, dass er mich nicht aufhalten kann.

»Ob ich dir helfe oder nicht – du machst es ja doch. O. k. …, dann nutzt es nichts, wenn ich dir die Unterstützung versage.«

Panerai, der renommierte italienische Uhrmacher, der zum Richemond-Konzern gehört, finanziert den Transport unserer gesamten Ausrüstung bis zum Kap Artichesky, die Fertigung von Ausrüstungsteilen, die Spesen der Fotografen. Und er liefert uns natürlich zwei Armbanduhren, die zu so etwas wie einem Symbol unseres langen Laufs durch die Polarnacht werden. Ihr Uhrwerk, das in einer Flüssigkeit ohne Kontakt zum Gehäuse schwimmt, damit es nicht einfriert, ist so konstruiert, dass es der Extremkälte und dem Magnetismus in der Polarregion standhält. Da man sie auch bei Dunkelheit ablesen kann – auf dem Gehäuse stehen zudem die Himmelsrichtungen – sind diese Meisterwerke der Uhrmacherkunst auch für die Navigation unverzichtbar. Sie ersetzen die GPS-Geräte, wenn deren Flüssigkristalle einfrieren und wir nicht zu viel Zeit und Energie zum Aufwärmen einsetzen wollen: Neben dem Wind und der Ausrichtung der Schneewehen werden uns meist unsere Uhren die Richtung angeben.

Wir tragen sie nicht am Handgelenk. Bei – 30 oder 40 °C würde das Metall an der Haut festfrieren und dem Blut Wärme entziehen, was die Gefahr von Erfrierungen an den Fingerspitzen erhöht, insbesondere an meinen vorgeschädigten. Wir befestigen die Uhren an ihrem Armband auf Brusthöhe am Riemen unseres Geschirrs. So haben wir einen schnellen Zugriff, wenn wir sie ablesen wollen.

Trotz des substanziellen Beitrags von Johan Rupert ist unser Finanzierungspaket wenige Wochen vor der Abreise immer noch nicht ganz geschnürt.

Da ruft mich Claude, ein Schweizer Geschäftsmann, mit einer Bitte an. Die Frau seines Freundes Jean-Jacques Miauton – er ist Unternehmer – ist ein großer Fan von mir, und ich soll ihr vor dem Objektiv seiner Kamera alles

Gute zum Geburtstag wünschen. Ich sage ein Treffen in Lausanne zu. Ich nehme mein Zelt mit und arrangiere eine Inszenierung, bei der ich aus dem Zelt schlüpfe und ihr dann herzlich gratuliere. Claude überreicht ihr später zum 50. Geburtstag die geschossenen Bilder und ein Buch von mir.

Entzückt lädt Madame Miauton mich und meine Frau Cathy zum Tee ein. Jean-Jacques erkundigt sich nach meinen Plänen und fragt mich, wie es mit der Finanzierung stehe. Ich lasse durchblicken, dass ich noch knapp bei Kasse bin. Daraufhin greift er zu einem Blatt Papier und kritzelt darauf: »Gutschein für eine Reise zum Nordpol« – mit einer Zahl dahinter.

Die Zufälle des Lebens und der Einfallsreichtum des Schicksals … Ich liebe es und freue mich, dass mir das Glück bei meinen Begegnungen hold bleibt.

Und wieder zeigt sich, dass *Sponsoring* oft ganz überraschend zustande kommt.

Jetzt muss ich nur noch für den Proviant sorgen, der mich in der langen Polarnacht am Leben erhalten soll. Bei eisiger Kälte wärmt der Körper die Kleider und nicht umgekehrt. Die Stoffschichten und die isolierenden Luftpolster zwischen ihnen verhindern, dass der Organismus zu viel Wärme verliert. Aber die muss er selbst produzieren. Damit mein Bioheizofen auf vollen Touren laufen kann, muss ich mir täglich siebentausend Kilokalorien einverleiben. Das entspricht 1,2 Kilogramm Nahrung! Multipliziert mit siebzig Tagen – sechzig für die veranschlagte Zeit plus zehn als Puffer – macht das insgesamt neunzig Kilogramm Proviant, die ich neben der Ausrüstung mitschleppen muss. Ich habe mit einem Ernährungswissenschaftler durchgesprochen, wie ich möglichst viele Kalorien mit möglichst geringem Gewicht mitnehmen kann. Ergebnis: am besten mit natürlichen Fetten, Ölen und einfachen Zuckern.

Cathy und die Mädchen stellen sich an den Herd und bereiten meine künftigen Mahlzeiten zu – siebzig hochkalorische Essen, die sie dann in Vakuum einschweißen. Dazu kommen energiespendende Zwischenmahlzeiten, eine Gabe der Nestlé-Nutrition-Sparte, und fünf Kilogramm Schokolade, die mir die Firma Villars schenkt. In der Fabrik des Herstellers kann ich eine satte Menge Kakaobutter abholen, die der Schokoladenmasse entzogen wurde, damit sie weniger fett ist. Cathy lässt rasch alles zerlaufen und mischt die Kakaobutter wieder unter die Schokolade.

Die Küche in unserem Haus in Château-d'Œux ist zur Werkstatt des Weihnachtsmanns geworden. Wie vor meiner Expedition *Arktos* werkeln kleine Hände, würzen, schneiden und schweißen mit dem Apparat die Leckereien in Folie ein, alles inmitten eines betörenden Schokoladendufts.

Børge und ich kümmern uns jeweils nur um den eigenen Proviant. So können wir sicher sein, dass er zu hundert Prozent den persönlichen Geschmack trifft und unserem Kalorienbedarf entspricht. Die Rationen müssen auf den jeweiligen Stoffwechsel abgestimmt sein, sonst kann es Probleme geben.

Drei Tage vor unserer Abreise bringt Daniel Rizzato, der Chef von Noël Fourrures, meinen Parka vorbei. Ein prachtvoller Besatz aus Wolfspelz schmückt die Kapuze.

Die Verarbeitung dieses Meisterstücks – die Naht muss bis zum Nordpol durchhalten – liegt auf dem Niveau, das auch die Arbeit meiner anderen Hersteller kennzeichnet. In allem steckt mehr als nur Geld, Material und Zeit: Sie haben diese Dinge mit einer Liebe und Hingabe gefertigt, die meiner Begeisterung in nichts nachsteht. Auf die Art gehen sie ein wenig mit auf Expedition.

Um meine Kondition zu verbessern, absolviere ich in den letzten Wochen ein Training. Ich will nicht bei Olympia teilnehmen, sondern nur in Topform sein. Unser Erfolg hängt zwar vornehmlich von unserer Willensstärke und Entschlossenheit ab, aber der Körper muss mitmachen und die Belastungen aushalten können. Dann kann sich der Kopf nicht damit herausreden, dass die Beine es angeblich nicht mehr schaffen. Mit dem Training bereite ich mich so auch psychisch auf das Kommende vor, auch wenn es nur zehn bis zwanzig Prozent der Vorbereitungen ausmacht. Und das ziehe ich von Anfang bis Ende allein durch.

In dieser Phase der Überlegungen, der Suche nach Partnerschaften und der körperlichen und psychischen Vorbereitung haben Børge und ich uns kein einziges Mal gesehen. Wir haben nicht einmal miteinander telefoniert.

Etwa deshalb, weil unser Vorhaben neben Teamarbeit auch mit einem Konkurrenzkampf verbunden ist? Oder weil wir bei den Vorbereitungen kein Quäntchen von unseren Gewohnheiten abweichen wollen? Jedenfalls sind wir beide so vorgegangen, als würden wir allein losziehen. Und als müsste jeder bereit sein, allein zu überleben.

Kapitel Fünf

Der Norilsk-Blues

Wir treffen uns am 8. Januar 2006 am Moskauer Flughafen wieder. Børge kommt mit seinem Fotografen Kjell Ove Storvik aus Oslo. Ich bringe aus der Schweiz meinen Fotografen Sebastian Devenish mit.

Nach unserer Vereinbarung zu dieser gemeinsamen Extremtour hatten Børge und ich zunächst keinerlei Kontakt mehr gehabt. Erst letzte Woche sahen wir uns bei ihm in Oslo wieder, als ich meine Skier abholte. Bei der Gelegenheit gingen wir rasch unsere Ausrüstung durch.

Beide zusammen haben wir vierhundert Kilogramm Fracht. Für dieses Übergepäck müssen wir ein kleines Vermögen hinlegen, um überhaupt an den Startpunkt unserer Expedition zu gelangen. Der Papierkram und die Abfertigung am Zoll ziehen sich über Stunden hin. Unser eindrucksvolles Gepäck rollt schwerfällig durch die Menge. Draußen herrscht die nasse Januarkälte mit Schnee und Dunkelheit – ein zartbitterer Vorgeschmack auf das, was uns erwartet.

Die Träger, die unser Gepäck schieben, versuchen uns mehrere hundert Dollar aus der Tasche zu ziehen. Vergebens. Aber probieren kann man es ja immer. Im Hotel Warschau treffen wir Viktor.

Mein alter Freund Viktor Boyarsky ist auf die Organisation von Extremtouren auf russischem oder sibirischem Gebiet spezialisiert. Er ist Experte in Sachen Formalitäten und ein Zauberkünstler, der mir schon vielfach vorgemacht hat, wie ein komplexes Problem im Handumdrehen verschwindet. Sein Adressverzeichnis ist dicker als das New Yorker Telefonbuch. Außerdem verfügt er über solide Erfahrungen vor Ort und hat unter anderem mit Jean-Louis Étienne die Antarktis durchquert. Als Direktor des Sankt Petersburger Museums für die Arktis und Antarktis genießt er hohes Ansehen und gehört zu dem kleinen Kreis derer, die unsere »Philosophie« der Polarregion teilen. Ich würde, ohne zu zögern, mein Leben in seine Hände legen. Das habe ich übrigens auch schon getan. Viktor arbeitet mit der Firma Polar Expeditions Ltd und der Fluggesellschaft Taymir Air zusammen.

Bis vor Kurzem starteten die meisten Nordpolarexpeditionen in Chatanga, einem kleinen Ort nordöstlich von Norilsk. Inzwischen ist die dortige Infrastruktur völlig heruntergekommen. Vor allem der Transport aus der Luft funktioniert nicht mehr. Die Kandidaten, die den Nordpol erstürmen wollen, sind jetzt auf eine andere Anfahrt angewiesen. Unsere Route auf dem Luftweg verläuft folglich auf der Achse Norilsk-Dickson-Sredniy.

Wir werden Norilsk an Bord von zwei Hubschraubern verlassen und zum Volltanken in Dickson zwischenlanden. Beim Gedanken an diese kleine Stadt blitzt in meiner Erinnerung das Bild ihres zerfallenen Krankenhauses auf: Hier hat man mich nach meiner Bergung auf dem Packeis mit erfrorenen Fingern eingeliefert – zwei Wochen vor Erreichen des Nordpols. Fast gerührt denke ich an die dicke Krankenschwester mit dem Äußeren eines behaarten Yeti zurück: Hier packte sie mich wie einen Sack, steckte mich ins heiße Wasser und schrubbte mich mit einer Wurzelbürste ab. Weniger begeistert denke ich an den verrückten Chirurgen, den ich dann gerade noch daran hindern konnte, mir aus Spaß an der Freude beide Daumen zu amputieren.

Nach der Zwischenstation Dickson wird uns der Hubschrauber in Golomiyanniy auf der Insel Sredniy absetzen, einer ehemaligen sowjetischen Militärbasis, die jetzt als Wetterstation dient. Von da aus sind es nur noch zwei Flugstunden bis zum Startpunkt unserer Expedition, dem Kap Artichesky. Das »Kap« ist eine Art Insel, ein Stück Eis in der Verlängerung von Sredniy, irgendwie das Ende der Welt. Hubschrauber haben hier striktes Landeverbot. Der offizielle Landeplatz liegt ungefähr 15 Kilometer vor dem Kap.

Unsere Expedition wird sich hart genug anlassen, sodass wir uns nicht noch auf einem Gewaltmarsch über 15 Kilometer aufwärmen wollen. Uns stehen also harte Verhandlungen bevor. Für alle Fälle (die kenne ich nur zu gut) trage ich eine Tasche mit Dollar-Bündeln mit mir herum. Um unangenehmen Überraschungen vorzubeugen, verstecke ich sie in meinem Moskauer Hotelzimmer in der Deckenverschalung. Heute, da alles in den geregelten und kontrollierten Bahnen einer liberalisierten Wirtschaft verläuft, ist die Lage der Russen im Alltag paradoxerweise vielfach schwieriger als zu Sowjetzeiten. Sie brauchen immer mehr Geld, um sich abzusichern, die

Ausbildung ihrer Kinder zu bezahlen usw. Und alle wollen immer gleich das große Los ziehen. Nachhaltig wirtschaften und Rücklagen bilden ist unbekannt. »Nimm dir, was du kriegen kannst«, lautet die Devise. An das sich daraus ergebende System passt man sich schließlich an. Ein Satz bringt es auf den Punkt: »In Russland funktioniert nichts, aber alles funktioniert.« Im Klartext: Geld macht alles möglich.

Eine Expedition kostet mehr als nur körperliche Strapazen. Wer auf seinen Talern sitzen bleibt, kommt hier nicht weiter.

Beim Aufenthalt in Moskau gab es eine Panne. Als wir alle an einem Tisch die Ausrüstung durchgehen, stellt sich heraus, dass Børge die norwegische Flagge, die er am Pol hissen soll, vergessen hat. Für mich hat die Landesflagge einen hohen Symbolwert, und nicht nur deshalb, weil sie für unser Herkunftsland steht. Sie ist wie der Stab, der bei der 4x100-m-Staffel irgendwann durchs Ziel geht, ein Zeugnis für das Gelingen des Vorhabens. Das Verstauen der Flagge in meinem Gepäck war für mich nur der Auftakt zu einem Ritual, das mit ihrem Hissen am Pol endet. Dieses Stück Stoff ist das Symbol für eine erfolgreiche Expedition. Ein Studienanfänger in Psychologie würde Børges Versäumnis so interpretieren, dass er in den Tiefen seines Unterbewusstseins scheitern will. Eine solche Hypothese ziehe ich nicht einmal in Betracht. Børge beschafft sich über die norwegische Botschaft eine neue Flagge. Sie ist kleiner als meine. Und was hat das zu bedeuten?

Am Tag nach der Ankunft im Moskau leeren wir zur Feier unserer Abreise noch eine Flasche Wodka und fliegen nach Norilsk.

Da fast keine Linienflüge verfügbar sind, wird die Flugverbindung hauptsächlich von der Firma Norilsk Nikel aufrechterhalten, dem wichtigsten Arbeitgeber in der Region. Die sibirische Metropole ist für Ausländer Sperrgebiet, sofern sie keine »Einladung« eines Ortsansässigen vorweisen können. Zum Glück hat Viktor Boyarsky für uns den Behördendschungel durchstreift, in dem die Sondergenehmigungen, außerordentlichen Erlaubnisse und andere Passierscheine ausgestellt werden. Wir brauchen unsere Papiere nur noch zu bezahlen. Ohne Viktors Verdienst schmälern zu wollen, muss man zugeben, dass die Russen sich diesmal ziemlich kooperativ gezeigt haben. Sie kannten das Medieninteresse an unserer Expedition und wollten wohl eine schlechte Presse vermeiden.

Der Flug von Moskau nach Norilsk wird zu einer Erfahrung, die sich ängstliche Gemüter besser ersparen. Das Flugzeug, das an diesem 9. November von der Piste abhebt und schwerfällig in den Himmel steigt, unterbietet wohl die laxesten Sicherheitsstandards. Zerbrochene Sitze, fehlende Polster und verschwundene Sicherheitsgurte … Die Minenarbeiter und andere Beschäftigte im Nickelbereich, die sich in der Maschine drängen, haben wohl schon bessere Flugzeuge gesehen. Wir allerdings auch.

Die Maschine hat gerade so lange Aufenthalt in Norilsk, dass eine weitere Ladung Passagiere (die Ablösung der Minenarbeiter) an Bord kommen kann, bevor sie nach

Moskau zurückfliegt. In Norilsk müssen wir die erste der drei Grenzen passieren, die bis zum Erreichen unseres Startpunktes vor uns liegen. Die beiden anderen sind Dickson und Golomiyanniy. Immer wieder die gleiche langatmige und endlose Prozedur: Soldaten, Beamte, Formulare, Papiere und jede Art Schikane. Jeder Russe kann es bestätigen: Geduld ist in diesem großen, schönen Land die wichtigste Tugend.

Zunächst steigen Grenzer an Bord, um die Pässe zu kontrollieren und die Genehmigung zur Einreise in diesen Landesteil zu überprüfen. Als wir an der Reihe sind, heißt es *njet*. Uns fehlt die notwendige Erlaubnis, also haben wir hier nichts zu suchen. Wir werden angewiesen, an Bord zu bleiben und schnurstracks nach Moskau zurückzufliegen. Viktor kann durchsetzen, dass wir wenigstens aussteigen dürfen. Ein klappriger Bus bringt uns die 50 Meter vom Flugzeug zu den Baracken. Auf dieser Breite herrschen um diese Zeit bereits – 45 °C. Die Kälte und die Polarnacht tragen nicht zur Verbesserung der allgemeinen Stimmung bei. Unser Gepäck stapelt sich auf einem Schützenpanzer. Børge, Viktor, Sebastian, Kjell Ove und ich finden uns in einem kleinen Büro mit dem Charme eines KGB-Verhörraums wieder: Unsere Personalien werden überprüft, auf dem Gang draußen hallen in Russisch Kommandos wider, und die Panzertür funktioniert mit Fernbedienung. Es dauert eine Ewigkeit.

Viktor, ein Experte in Sachen Verhandlungen mit Uniformierten, nutzt seine Bekanntheit, zieht aus seinem Zauberbeutel Bücher, die er veröffentlicht hat, und wirft mit den Namen bekannter Persönlichkeiten um sich. Den Unteroffizier lässt das unbeeindruckt. Eindringlich argumentierend versucht Viktor Zeit zu gewinnen, damit das Flugzeug ohne uns losfliegt …

Schließlich hebt die Maschine ab. Wir sitzen hier bis mindestens zum nächsten Tag fest. Viktor lächelt in seinen blonden Bart. In den 25 Stunden Aufschub können wir – auch wenn wir in diesem Büro festgenagelt sind – vielleicht etwas bewegen. Das Ganze ist ein Witz. Auch wenn man uns nicht nach Hause zurückschickt, bevor wir einen Fuß aufs Packeis gesetzt haben, stehen wir ganz schön dumm da. Wir bitten das hohe Gericht um Nachsicht für unsere Nachlässigkeit und unverzeihliche Gedankenlosigkeit und können so in die verfahrene Situation etwas Bewegung bringen.

In der Ankunftshalle erwarten uns Alexander Orlow, der Chef der russischen Polarstation Barneo, und seine Frau. Um das Wiedersehen von Alex und Børge zu feiern, wird die unverzichtbare Flasche Wodka gezückt. Beide Männer kennen sich seit Langem. In den Sommermonaten nimmt Børge mitunter Besucher von Barneo über ungefähr hundert Kilometer bis zum Nordpol mit. Zu Alexanders sechzigstem Geburtstag in Moskau nutzten Børge und er die Gelegenheit und begannen mit der Arbeit an unserem Projekt.

Angesichts des Tages unserer Abreise und dem vorgesehenen Tag der Ankunft am Pol (dem 23. März) werden wir an der Station ankommen, bevor es sie überhaupt gibt. Tatsächlich besteht Barneo nur aus einigen Zelten, die Anfang April nur für ein paar Wochen im Jahr aufgebaut werden. Sie dienen als Ausgangspunkt für Expeditionen zum Pol und für deren logistische Unterstützung. Der Unterhalt der Station nur für diese kurze Zeit kostet

1,8 Millionen Dollar. Aber der »Abenteuertourismus« zum Pol macht dieses Geschäft rentabel. Wir haben mit den russischen Betreibern vereinbart, dass sie das Lager etwas früher als gewöhnlich aufschlagen. Und wir bringen zehn zusätzliche, also insgesamt siebzig Lebensmittelrationen mit, damit wir die Zeit überbrücken können, falls sich die Aufstellung verzögern sollte.

Barneo wird näher am Pol als gewöhnlich aufgeschlagen, ungefähr fünfzig Kilometer von ihm entfernt. Dies verkürzt den Hin- und Rückweg der Hubschrauber, wenn sie uns abholen werden. Und es erleichtert die Umsetzung einer Idee, die wir im Hinterkopf haben: Wir wollen es einer Gruppe von Sponsoren, Partnern und Freunden ermöglichen, uns in Barneo zu treffen und mit uns einen denkwürdigen »kleinen Abstecher« zum geografischen Nordpol zu machen (zu dem Treffen mit den Freunden in Barneo sollte es dann später tatsächlich kommen – wegen schlechten Wetters allerdings ohne den Abstecher zum Pol). Und wir können schließlich aushandeln, dass die Hubschrauber das Material vor Ort bringen und mit dem Aufbau der Station beginnen, sobald sich die ersten Sonnenstrahlen über dem Horizont am Pol zeigen.

Alle diese »Zugeständnisse« haben natürlich ihren Preis. Und der hängt, wie ich schon häufig feststellen musste, direkt von der geografischen Breite ab: Je nördlicher, desto teurer. Und wir sind hier ganz oben im Norden.

Im Übrigen dürfen Hubschrauber in der Arktis aus Sicherheitsgründen im Winter nicht allein fliegen, sondern immer nur zu zweit. Und das verdoppelt den Preis!

Draußen knirscht ein steinhart gefrorener Schnee unter unseren Sohlen. Unsere Ausrüstung wird auf einen Lastwagen verladen. Dann geht es vom Flugplatz nach Norden in Richtung Norilsk über eine Straße, die mir ein kleines Déjà-vu-Erlebnis beschert, obwohl ich sie zum ersten Mal befahre: Auf meiner Nordpolarkreis-Tour bin ich am Anfang des Winters von Norden her in die Stadt »einmarschiert«. Und wir beziehen jetzt das Hotel, in dem damals Cathy, die Mädchen und die vielen Journalisten, denen ich einen Pressetermin angeboten hatte, untergekommen sind. Wenn alles nach Plan verläuft, fliegen wir eine Nacht und zwei Tage später nach Dickson.

Ohne eine Minute zu verlieren, beginnen wir die Ausrüstung vorzubereiten. Wir müssen wieder die Checkliste durchgehen, alles auspacken, prüfen und kontrollieren, ein letztes Mal an den Schlitten und am Zelt herumbasteln und das Kunststofffutter in unseren Schlafsäcken richtig einpassen. Da wir im Flugzeug kein Benzin für unseren Kocher mitnehmen durften, haben wir eine Direktlieferung hierher bestellt. Die ist bisher noch nicht angekommen, also füllen wir stattdessen russisches Flugbenzin B-70 in unsere Kanister.

Børge bekommt die 44er Magnum ausgehändigt, die schon seit einigen Monaten hier auf ihn wartet. Er ist kein Waffennarr, will sich aber ohne den Revolver nicht aufs Packeis wagen. Die Waffe soll uns vor angriffslustigen Polarbären schützen. Jeder hat seine kleinen Marotten.

Verwirrender finde ich seine anderen Vorsichtsmaßnahmen, so die umfangreichen Näharbeiten, mit denen er seine Schuhe verstärkt.

»Auf die Art sparen wir Zeit, weil wir dann unterwegs keine Reparaturen durchführen müssen.«

Hat er etwa kein Vertrauen in seine Ausrüstung? Ich habe zufällig die gleiche!

»Doch«, antwortet er ernst. »Aber meine Sohlen haben sich unterwegs schon einmal abgelöst.«

Das ist ihm tatsächlich vor zwei Monaten passiert, als er eine Gruppe zum Südpol führte. Als er sich bei seinem Hersteller beschwerte, antwortete der gelassen, wahrscheinlich sei der neue Kleber schuld. Børge verlangte folglich, dass seine Schuhe nachgearbeitet werden, damit so etwas nicht noch einmal passiert.

Aber offenbar hat er in seine Schuhe noch immer kein volles Vertrauen. Er empfiehlt mir dringend das Gleiche: Ich soll mit dem Handbohrer Löcher in meine Sohlen und das lederne Obermaterial bohren und sie dann mit Fallschirmgarn zusammennähen. Der Kleber halte der extremen Kälte nicht stand. Ich habe keine Lust, Stunden mit dieser lästigen Arbeit zuzubringen, gehorche aber trotzdem. Meine Sohlen haben sich auf dem Eis noch nie abgelöst, aber ich will unbedingt vermeiden, dass es ein erstes Mal gibt.

Die Satellitenkarten, auf denen wir die Region studieren, durch die die erste Etappe unserer Route verläuft, zeigen zahlreiche offene Wasserflächen, die bei den jetzt herrschenden ungewöhnlich milden Temperaturen entstanden sind: kaum $-15\,°C$! Eine Rolle spielt auch das eher normale Phänomen, dass das wärmere Meer die umgebende Luft erwärmt. Deshalb ist es im Landesinneren im Winter immer viel kälter, was auch den spektakulären

Temperaturunterschied zu Norilsk erklärt. Die Eisdecke erreicht im Übrigen erst nach sechs Monaten anhaltender Kälte ihre eigentliche Dicke. Zu Winteranfang ist sie noch dünn und zerbrechlich.

Kurz hinter dem Kap Artichesky ist praktisch alles Wasser. Ein Stück Polarmeer, das im Winter gewöhnlich zugefroren ist, aber jetzt eben nicht. Und wir müssen es überwinden, um aufs feste Eis zu gelangen. Zum Glück kündigt der Wetterbericht jetzt Stürme, Winde und in Gegenrichtung verlaufende Strömungen an, die das Eis wieder zusammentreiben müssten. Der Nachteil dabei ist, dass wir bei unserem Lauf wie auf einem Förderband in die falsche Richtung driften.

Oft ist es besser, abzuwarten, bis sich die Winde gelegt haben, auch wenn man dann ein wenig paddeln muss. Geduld können wir uns allerdings nicht lange leisten.

Wir beschließen, unsere Ausrüstung um ein Schlauchboot in Form eines Kanus zu ergänzen. Viktor stöbert den Outdoor-Händler Toundra auf, der absolut zuverlässige Ware auf Lager hat. Da man in Russland mit Geld fast alles kaufen kann, könnten wir wohl auch die Rettungskanus des Flugzeugs erstehen, das uns hergebracht hat. Aber wir entscheiden uns für ein Schlauchboot des Typs Zodiac, das in der Region im Sommer gern zum Fischen auf einem der zahlreichen Seen genutzt wird. Wir müssen erbittert feilschen, um es zu einem »vernünftigen« Preis zu bekommen. Wir entscheiden uns für das Modell, das am strapazierfähigsten, leichtesten und bequemsten erscheint. Dass diese Art Kanu nur eine begrenzte Sicherheit bietet, wissen wir allerdings auch. Wenn es in einem

Sturm kentert, ist die Expedition zu Ende. Und vielleicht auch unser Leben. Ohne den wasserdichten Anzug können wir im Eiswasser schätzungsweise ganze zehn Minuten überleben.

Am 15. Januar, also seit sechs Tagen, sitzen wir noch immer in Norilsk fest. Eigentlich wollten wir heute vom Kap Artichesky aus starten. Wir hatten Zeit, unsere ganze Ausrüstung mehrmals auf Vollständigkeit und Funktionstüchtigkeit durchzuchecken. Schließlich ist auch unser Brennstoff eingetroffen. Das Schlauchboot wird sich mit Sicherheit als ein entscheidendes Plus erweisen. Besser kann man nicht gerüstet sein. Ich glaube sogar, wir sind besser vorbereitet als jede Polarexpedition vor uns.

Wir müssen nur noch starten.

Aber solange das Wetter schlecht bleibt, können die Hubschrauber nicht fliegen.

Wir treten auf der Stelle: Wir nutzen die Zeit, um in aller Ruhe die Logos unserer Sponsoren auf den gelben Rumpf unserer Schlitten aufzukleben.

Dann plötzlich ein Anruf: Wir starten morgen um 10 Uhr in Richtung Insel Sredniy! Ein Hubschrauber vom Typ M 18 wird uns und unsere vierhundert Kilogramm Gepäck auf dem ehemaligen Militärflugplatz absetzen, der inzwischen zur Wetterstation Golomiyanniy gehört. Dort warten wir dann auf den anderen Hubschrauber, der uns zum Kap Artichesky bringt. Am 17. Januar müssten wir dort sein.

Die Winde sind abgeflaut und die Temperaturen gefallen. Das von Sturmböen zerborstene Eis, das mit zwei bis vier Kilometern pro Stunde um das Kap herumtreibt, hat sich wieder geschlossen. Aber wir müssen uns auf eine sehr instabile Eisdecke gefasst machen, zumindest auf den ersten 115 Kilometern. Und wenn die Temperaturen hartnäckig über dem Normalen bleiben, brauchen wir das Kanu früher als gedacht.

Gerade dieses Gelände aus treibenden und instabilen Eisschollen, die unter den Skiern nachgeben und zwischen denen überall offenes Wasser lauert, ist Børges liebstes Aktionsfeld. Hier fühlt er sich wie ein Fisch im Wasser. Ich verfüge dagegen auf solchem Terrain nur über eine begrenzte Erfahrung: Während meiner Tour um den Globus entlang dem Nordpolarkreis musste ich mich im sibirischen Teil fast ausschließlich zwischen Ozean und Festland entscheiden. Wo das Eis zu instabil war, habe ich den Umweg über den Permafrostboden gewählt.

Trotz Børges Autorität und Kompetenz spüren wir bei allen, mit denen wir zu tun haben, Zweifel und die unausgesprochene Frage: Wissen diese beiden wirklich, worauf sie sich einlassen? Tatsächlich würde keiner einen Rubel darauf wetten, dass wir unser Ziel erreichen werden. Das Magazin *National Geographic Adventure* widmet uns einen Artikel, dessen Titel man mit »Das ungleiche Paar« übersetzen könnte. Der Tenor ist deutlich pessimistisch: »Der eine (Børge) plant seine Expeditionen bis ins letzte Detail. Der andere (ich) improvisiert lieber. Im Moment, in dem sie sich aufmachen, gemeinsam in der andauernden Finsternis des arktischen Winters zum Pol vorzustoßen, fragt man sich, ob ihre radikal verschiedenen Methoden sich ergänzen oder als fatal erweisen werden.« Ein anderer Journalist fragt sich: »Können die beiden bedeutendsten lebenden Solo-Abenteurer zwei

Monate lang ein Zelt teilen, ohne sich gegenseitig in den Wahnsinn zu treiben?«

Bei mir legt der kanadische Abenteurer Richard Webber noch nach: »Wenn ein Mann auf der Welt eine solche Glanzleistung vollbringen kann, dann ist es Børge Ousland. Bei seinem Partner bin ich mir weniger sicher. Ich kenne diesen Horn nicht. Er könnte sich als das schwache Glied in der Kette erweisen.«

Solche Kommentare machen mich nur noch entschlossener. Ich denke gar nicht daran, Leuten, die sich so äußern, den Triumph zu gönnen, mein Scheitern vorhergesagt zu haben. Und diejenigen, die an mich glauben – Cathy, meine Mädchen, die Freunde, Sponsoren und alle anderen, die mich unterstützen –, spornen mich noch mehr an. In ungefähr sechzig Tagen werden es alle wissen, ob wir gestorben oder als Sieger zurückgekehrt sind.

In einer gespenstischen Nacht verlassen wir schließlich Norilsk. Wir folgen den Abgasfahnen der beiden Militärlaster, die unsere Ausrüstung transportieren. Bei $-45\,°C$ und gefrorenem Boden erwarten wir auf dem Hubschrauberlandeplatz unsere beiden Helikopter. Das schwache Licht ihres einzigen Scheinwerfers durchschneidet die Dunkelheit. Hier werden die Fahrzeuge sechs Monate im Jahr, meist bei laufendem Motor, stehen gelassen. Wenn man sie abstellte, würden sie einfrieren.

Mit der Nase am Seitenfenster erkenne ich im Halbdunkel die Gegend nördlich von Norilsk wieder, die ich zwei Jahre zuvor von Ost nach West durchquert habe. Jetzt werde ich sie erneut passieren, von Süd nach Nord.

Kapitel Sechs

Point of no return

Dickson. Unsere zweite Kontrollstation. Wieder steigen bewaffnete Grenzer zu uns an Bord (diesmal in den Hubschrauber), um unsere Pässe, Genehmigungen und verschiedene Papiere zu kontrollieren. Um die Prozedur zu beschleunigen, bietet Viktor den Grenzern – sie sind wie alle Beamten des Landes miserabel ausgestattet – einen Scanner an, der ihnen die Arbeit gewaltig erleichtert. Alles geht deutlich schneller. Ohne dass wir den Hubschrauber verlassen, wird der Abschluss mit Wodka begossen. Zwei Flaschen später dürfen wir unsere Reise offiziell fortsetzen.

Und noch eine Kontrolle: die kleine Wetterstation Golomiyanniy. Hier verbringen wir wegen eines Sturms drei Tage mit Warten. Golomiyanniy besteht aus zwei finsteren Holzbaracken: Die eine dient als Station, die andere als Unterkunft für die zwei Mann Personal. Dieses Ensemble inmitten des uferlosen Eises stammt aus dem Kalten Krieg und böte die ideale Kulisse für einen Horrorfilm.

Ich werfe mein Gepäck in einen Raum. Mein Fotograf Sebastian Devenish ebenso. Dann folgen Børge und sein Fotograf Kjell Ove Storvik. Mir wird bewusst, dass Børge und ich noch nie im selben Raum geschlafen haben. Schon gar nicht in einem engen Zelt! Wie werden wir die (mindestens) sechzig Tage unseres erzwungenen Zusammenwohnens herumbringen? Eines ist sicher: Das wird nicht die geringste der Herausforderungen werden, denen wir uns stellen müssen.

Wir warten auf die Genehmigung zum Aufbruch und auf günstiges Wetter. Der Wind bläst noch immer böig und macht keine Anstalten abzuflauen. Die Formalitäten ziehen sich hin. Trotzdem glauben wir an einen unmittelbar bevorstehenden Aufbruch. Vielleicht noch an diesem Tag. Um das Schicksal zu beschwören, blasen wir unser Schlauchkanu auf. Auf gut Glück … Auch wenn es auf ein paar Tage nicht ankommt, können wir nicht ewig warten. Der Wettlauf gegen die Zeit hat schon begonnen. Oder genauer, gegen die Sonne. In sechzig Tagen geht sie wieder auf. Nach ungefähr der Zeit, die wir bis zum Pol brauchen.

Børge und ich nutzen das Warten dazu, nochmals unser gesamtes Gepäck auszupacken, alles bis ins kleinste Detail durchzuchecken und alles wieder einzupacken.

Die Zwangspause macht mich verrückt. Ich schlage mich mit Problemen herum, die noch gar nicht aufgetaucht sind (das dünne und zersplitterte Eis). Und ich mache mir Sorgen, wie wir auf dem salzigen Eis an Trinkwasser kommen. Vor allem am Anfang, wenn unsere Route mehr durch Wasser als über Eis verläuft und kaum Schnee liegt.

Vorsichtshalber befüllen wir ein Paar Halbliter-Bierdosen und andere Behälter mit insgesamt ungefähr zwanzig

Litern Trinkwasser. Es wird gefrieren und die Behälter sprengen, sodass wir einen Vorrat an Süßwassereis mitnehmen können.

Mit den 5-Liter-Kanistern Benzin, die wir verspätet nach Norilsk geliefert bekommen haben, füllen wir unsere Brennstoffflaschen auf – absichtlich erst jetzt hier im Freien. Die Temperatur soll nahe bei der liegen, die uns während unserer Expedition erwartet. Eine starke Temperaturveränderung des Benzins in den Flaschen könnte katastrophale Folgen haben. Diese schlimme Erfahrung musste ich im hohen Norden in Kanada machen. Ich hatte das Benzin im Warmen abgefüllt. In der Kälte hat es sich ausgedehnt und stand unter so hohem Druck, dass es beim Öffnen der Flasche herausschoss. Die Spritzer haben sich am Dauerflämmchen meines Kochers entzündet und das Zelt in Brand gesetzt. Fast meine gesamte Ausrüstung ging binnen Augenblicken in Flammen auf. Und um ein Haar wäre ich mit verbrannt.

Ich habe nicht die geringste Lust auf eine Wiederholung dieses Abenteuers.

Endlich bekommen wir von den Soldaten der Küstenwache die Erlaubnis zum Aufbruch und erhalten bei der Gelegenheit unsere Pässe zurück. Zuvor müssten wir allerdings wegen der Eisbären noch Schießübungen absolvieren, sagen sie uns. Die Wahrheit ist dann weniger fürsorglicher als feuchtfröhlicher Natur. Nach Abschluss der Formalitäten (in Russland immer ein Grund zum Feiern) haben sie mit uns angestoßen und mehrere Flaschen Wodka geleert. Weil es Spaß in Golomiyanniy nicht alle Tage gibt, reihen sie jetzt im Schnee ein Dutzend leerer

Flaschen auf – und reichen uns ihre Kalaschnikows! Die Szene ist unwirklich: Mitten in der Finsternis zielen Børge und ich mit Maschinenpistolen zwischen mehreren uniformierten Russen auf eine Reihe Flaschen, die wir im Licht unserer Stirnlampen erkennen. Zum Glück haben wir beide in unserem jeweiligen Land in einer Spezialeinheit gedient und können mit Waffen umgehen. Unsere Demonstration überzeugt: Wir können den Bären entgegentreten.

Allerdings bin ich, ganz nebenbei bemerkt, überhaupt nicht darauf aus, mit einer Kalaschnikow auf Bären zu schießen!

Am Morgen des 17. Januar kommt schließlich die Ankündigung, dass wir in wenigen Stunden in Richtung Kap Artichesky abfliegen. Offenbar haben Südwinde mit einer Geschwindigkeit von acht bis neun Metern pro Sekunde die Eisdecke um das Kap herum in einzelne Schollen zerbersten lassen. Sie treiben bis auf 82 Grad nördlicher Breite auf dem Polarmeer. Schnee fällt bei »milden« −20 °C, was für die Region viel zu warm ist. Unter diesen Umständen kann sich keine ausreichend feste Eisdecke bilden. Und eine dicke Wolkendecke macht die Finsternis noch finsterer.

Fieberhaft packen wir unsere Sachen zusammen und ziehen uns wie Astronauten (oder besser, wie Kosmonauten) vor dem Start der Rakete an. Unser Herz beginnt schon schneller zu pochen, als Viktor nach einem Gespräch mit den Piloten wieder aus dem Hubschrauber steigt: Ein Start von Golomiyanniy aus ist derzeit unmöglich. Der

Abflug wird verschoben. Wir kehren in die Baracke zurück, schälen uns aus unserer Kluft und packen wieder aus. Und diesen Vorgang wiederholen wir in umgekehrter Reihenfolge am nächsten Tag, weil erneut unmittelbar der Start bevorsteht. Und wieder wird er abgeblasen.

Jedesmal erleben wir das gleiche Wechselbad von Erregung und Frustration: Unser Herz pocht schneller, die Aufregung steigt – die letzte Mahlzeit zwischen vier Wänden, die letzte Chance, eine Toilette zu benutzen, die den Namen verdient – und dann wieder nichts!

Damit wir entspannen können, bieten uns die Russen eine *banya* an, eine Bretterbude, die sie auf Saunatemperatur hochheizen. Als Børge und ich »durchgegart« sind, stürzen wir bei – 30 °C splitternackt ins Freie, wälzen uns im Schnee und liefern uns einen Catch, damit wir wenigstens etwas zu lachen haben. Und dann kehren wir in die Hitze der Banya zurück. Besser kann man seinen Kreislauf nicht in Schwung bringen, die Giftstoffe loswerden und Stress abbauen.

Es ist bereits der 20. Januar, als der Wind endlich abflaut und wir losfliegen. Aber die Piloten bekunden plötzlich ihren Widerwillen bei dem Gedanken, uns am Ende der Insel abzusetzen, am Kap vor dem Packeis und dem Meer an einem Punkt, der so weit außerhalb des Bereichs liegt, in dem sie offiziell landen dürfen. Sie müssten eine gefährliche Region bei völliger Dunkelheit durchfliegen, klagen sie, und das wollen sie nicht. Børge und ich haben uns darauf gefasst gemacht, dass wir diesen Punkt nochmals würden diskutieren müssen. Wir äußern Verständnis, erinnern die Piloten aber in klaren Worten daran, dass sie einen Vertrag unterzeichnet und wir ihnen ein Vermögen bezahlt haben, zur Hälfte in bar und zur Hälfte als Überweisung. Und eine eventuelle Wartezeit war in der Summe enthalten gewesen. So war es abgemacht. Kurz, wir haben unsere Verpflichtung erfüllt, jetzt sind sie dran!

Noch immer heißt es *njet!* Die Piloten wissen, dass sie in der stärkeren Position sind. Jetzt hilft nur noch unsere Geheimwaffe: Viktor Boyarsky. Viktor ruft die Piloten an und versucht sie zum Einlenken zu bewegen. Ich werde nie erfahren, wie er es geschafft (oder was er ihnen versprochen) hat. Aber seine Zauberkünste wirken auch diesmal.

Der Helikopter – gefolgt von seinem Begleiter – trägt uns mit unseren beiden Fotografen und unserer Ladung durch die sibirische Nacht. Die Rotoren knattern. Børge und ich sitzen zusammengedrängt beieinander. Drinnen ist es so dunkel wie draußen, sodass wir in der Finsternis, in der nur die Anzeigen in der Kanzel aufleuchten, praktisch nichts erkennen können. In den zwei Stunden Flug wechseln wir kaum ein Wort. Der Lärm der Motoren erschwert jedes Gespräch. Jeder hängt seinen Gedanken nach.

Mir fällt eine Unterhaltung mit Børge vor einigen Tagen wieder ein:

»Warum der Nordpol?«, habe ich ihn plötzlich gefragt. »Ich meine: warum *noch mal?* Immerhin hast du ihn schon von Kanada und von Sibirien aus erreicht. Und du hast ihn nochmals von Sibirien aus erreicht und bist bis Kanada gekommen. Was hat dieser Ort so Besonderes, dass du ihn, wie von einem Magneten angezogen, immer wieder aufsuchst?«

Mit einem Leuchten in den Augen antwortete er ganz schnell:

»Die Magie.«

»Was?«

»Das kann man nicht erklären. Das verstehst du, wenn du dort bist.«

Ich schließe die Augen und lächle.

Wir nicken ein, wachen wieder auf ... Durch das Seitenfenster spähen wir in die Nacht hinaus und versuchen vergeblich, etwas zu erkennen. Ich habe einen Kloß im Hals, spüre diese mit Angst vermischte freudige Erregung, die den Beginn jeder großen Expedition begleitet. Und ich weiß, dass Børge trotz seiner ganzen beruflichen Routine ebenso empfindet. Es ist wie der freie Fall nach dem Absprung vom Brett.

Apropos Mut: In diesem Augenblick braucht man ihm am meisten. Denn in diesem kritischen Moment hat man noch die Wahl. Aber haben wir sie wirklich noch? Wir haben den Punkt, an dem man sich endgültig entscheidet, schon hinter uns gelassen. Die Frage, was wir hier wollen, hat sich für uns dadurch erledigt, dass wir hier sind. Was uns antreibt, ist nicht die Liebe zur Gefahr, sondern die Herausforderung, in der Gefahr zu bestehen. Wenn man gesehen und erlebt hat, was ich gesehen und erlebt habe, hat man seine Gründe.

Kap Artichesky bei stockdunkler Nacht anzufliegen ist schier unmöglich. Die Piloten schaffen das nur dank ihres GPS-Geräts. Wir fliegen noch ein Stück weiter, damit wir uns ein Bild von den eisfreien Stellen machen können. Sie sind so zahlreich, dass wir wohl nicht umhinkönnen, einige schwimmend zu durchqueren. Die Strecken über Eis erscheinen immerhin einigermaßen passabel. Die Westwinde in letzter Zeit haben einige Schollen an die Halbinsel geschoben und so eine Brücke geschaffen, die wir für unser Fortkommen nutzen können. Wir haben also keine Ausrede, um unseren Aufbruch zu verschieben.

Gleich beim Öffnen der Hubschraubertüren spüren wir diese seltsame Erwärmung, die Nordsibirien augenblicklich kennzeichnet: Im Januar, nur tausend Kilometer vom Nordpol entfernt, herrschen gerade einmal -10 oder $-12\,°C$! Vor Kurzem ist die Anzeige des Thermometers sogar auf $-5\,°C$ gestiegen – völlig ungewöhnlich zu dieser Jahreszeit in dieser Region.

Diese Klimaveränderung bestätigt einmal mehr die besorgniserregenden Prognosen zur Erderwärmung, deren Folgen nur den wenigsten so richtig bewusst sind. Ich sehe es schon lange als meine Pflicht an, die breite Öffentlichkeit wachzurütteln und sie auf diese entscheidenden Fragen unserer Zukunft zu stoßen. Bevor es zu spät ist …

Die gespenstische Landschaft des Kaps liegt wie ein zu Eis erstarrter Planet in ewiger Nacht. Das ist die Umgebung, durch die wir uns von jetzt an bewegen werden.

Die Piloten helfen uns, das Material auszuladen. Wie in Golomiyanniy vereinbart, teilen Børge und ich die gemeinsame Ausrüstung unter uns auf: Ich nehme die Videokameras, den Taschen-PC und unsere Kommunikationsmittel, weil ich für das Versenden der Fotos und täglichen Mails zuständig bin, die auf unseren Websites erscheinen werden. Børge nimmt die Schaufel und das Reparaturmaterial, weil er der Spezialist für jede Art des Ausbesserns ist. Das Zelt und den Kocher nehme ich. Wir bepacken unsere Schlitten getrennt, gerade so, als hätten wir keinen Teamkameraden. Als zöge jeder wieder allein los.

Allem Anschein nach sind wir noch nicht »zusammen«. Noch keine »zwei«. Das kommt erst, wenn wir unterwegs sind.

Vor den Objektiven von Kjell Ove und Sebastian, die wild Fotos schießen, und unter den besorgten ungläubigen Blicken der Piloten, die widerwillig abwarten, ob wir nicht doch noch mit zurückfliegen, ziehen wir unsere Schlitten zu einer imaginären Startlinie. Wie zwei Rivalen vor dem Rennen.

Der Zement, der uns zusammenhält, ist noch nicht ausgehärtet. Erst ab jetzt kann er richtig binden. Bislang besteht unser Zusammenhalt nur theoretisch aus gegenseitigem Respekt, der Bewunderung und unserer Freundschaft. Was noch fehlt, ist ein gegenseitiges echtes, umfassendes und felsenfestes Vertrauen. Nur wenn sich dieses Vertrauen zwischen uns einstellt, können wir allen Gefahren trotzen.

Kapitel Sieben

Weißer Bär, schwarzes Wasser

Die Landschaft, die der Strahl unserer Stirnlampen erhellt, besteht zunächst aus Schneematsch. Aber auch aus zerborstenen Eisschollen, die unter den Skiern nachgeben, und aus bedrohlichen, finsteren Öffnungen.

Je weiter wir vorankommen, desto instabiler wird das Eis. Stellenweise ist es fast flüssig. Wir gleiten über Schollen, die rasch in der Strömung treiben und sich im Dunkeln verlieren. In den Kegeln unserer Lampen zeichnen sich Kulissen aus Packeis ab, die uns den Weg versperren. Die Brocken gleiten hintereinander dahin, spielen Verstecken und geben Öffnungen frei, die sich sogleich wieder schließen. Tunnel schieben sich so schnell wieder zusammen, dass wir nicht mehr so recht wissen, ob sie überhaupt existiert haben.

Wir lassen die Schlitten zurück und versuchen, einer hinter dem anderen, uns einen Weg zu bahnen. Aber unter dem Anschub der Windböen bewegt sich das Eis so rasch, dass wir kaum nennenswert vorankommen.

Nach 600 Metern beschließen wir umzukehren und auf festem Boden abzuwarten, bis der Wind abflaut. Vielleicht geht es ja morgen voran.

Obwohl wir schon in Norilsk und Golomiyanniy Zeit verloren haben, kommt es auf die zwei oder drei Tage nicht an. Proviant und Trinkwasser (das mitgebrachte Eis) haben wir genug dabei. Es darf nur nicht ständig neue Verzögerungen geben. Der Start am Kap Artichesky war für den 15. Januar vorgesehen. Jetzt ist schon der 21. So darf es nicht weitergehen, sonst findet unsere Expedition in der Polarnacht am Ende bei helllichtem Tag statt.

Jetzt müssen wir uns im Zelt einrichten, das erste Mal zusammen.

Seine Freunde kann man sich aussuchen, aber nicht seine Familie. Und unsere Familie hier besteht allein aus dem Mann mit den besten Qualifikationen, um diese Expedition in Zweierteam zum Erfolg zu führen. Aus Børge – und aus mir. In gewisser Weise haben wir uns einander aufgedrängt.

Jetzt ist die Zeit da, in der sich jeder mit der Persönlichkeit des anderen auseinandersetzen muss. Mit seinem wahren Ich. Von ihm wissen wir eigentlich nichts, weil wir bislang noch nie so eng zusammenleben und uns ergänzen mussten. Nicht einmal in der Vorbereitungsphase dieser Expedition. In Moskau schliefen Børge und sein Fotograf Kjell Ove Storvik in einem und ich und Sebastian Devenish in einem anderen Hotelzimmer. Bei dieser Einteilung blieb es auch in Norilsk, damit jeder in aller Ruhe seine Ausrüstung vorbereiten konnte. Sogar in Golomiyanniy teilten wir den Schlafplatz jeweils mit unserem Fotografen. Deswegen ist der mit dem heutigen Tag beginnende enge Kontakt eine große Unbekannte, die eine besondere Herausforderung bedeutet: Wir müssen uns mit den Eigenarten des anderen in gleicher Weise auseinandersetzen wie mit dem Packeis in der Finsternis. Ob wir zurechtkommen, steht in beiden Fällen keineswegs fest.

Wir brauchen lange, um die Eiskristalle abzuschaben, die sich im Inneren unserer Parkas gebildet haben. Kaum haben wir es uns im Zelt bequem gemacht, fragt plötzlich Børge:

»Hast du gehört?«

»Nein, was?«

Bevor ich antworten kann, platzt der Reißverschluss der Außenwand unter der Kraft von etwas Großem auf, das gegen das Zelt drückt. Im Innenzelt können wir nichts sehen und befürchten zunächst, dass unter uns das Eis einbricht. Børge öffnet den inneren Reißverschluss und stößt einen Schrei aus.

Er blickt einem Bären ins Auge!

Wir stürzen nach hinten. Wenn das Raubtier in unser Zelt eindringt, tötet es uns mit zwei Hieben seiner Tatzen, bevor wir auch nur einen Schritt tun können.

In Norilsk haben wir Pfefferspray zur Abwehr von Bären bekommen. Wir bewahren die zwei Flaschen in unseren Taschen auf, damit das Gas nicht einfriert. In diesem Moment erscheinen sie uns ziemlich lächerlich.

Zum Glück macht das Tier kehrt und beschnüffelt die Umgebung. Sein hochfeiner Geruchssinn, mit dem er einen Robbenkadaver in 50 Kilometern Entfernung wittern kann, führt ihn schnurstracks zu den Schlitten mit den Vorräten. Børge schnappt sich die immer griffbereite Leuchtpistole, dann rennen wir beide hinter dem Bären her. Der verliert das Interesse an dem Schlitten und trottet zu unserem Schlauchboot weiter, in dem eine Tasche mit Proviant für zwischendurch liegt. Mit ihr im Maul macht er sich davon. Während ich Fotos schieße und die Szene filme, schießt Børge dem Räuber eine Leuchtkugel hinterher. Verschreckt lässt der Bär seine Beute fallen und verschwindet.

Das war knapp.

Dass wir schon am Kap Artichesky von einem Petz Besuch bekommen haben, hat uns kalt erwischt. Offenbar lagern wir auf einer Wanderroute oder in einem Jagdrevier dieser Sohlengänger. Schlagartig fühlen wir uns unter Druck: Wir sind in einem Bärenrevier, die Tiere wissen, dass wir hier sind, und wir sitzen fest, weil wir über das Eis nicht weiterkommen. Unsere Situation ist höchst unbehaglich.

Børge bereut, dass er sein *bearwatch* nicht mitgebracht hat, ein selbst entwickeltes System zur Bärenabwehr. Es handelt sich um eine kältebeständige Schnur aus Kevlar, die um das Zelt gespannt wird und die den Abzug einer Leuchtpistole bedient, wenn ein Bär sie berührt. Wenn man schläft, wird man sofort geweckt. Leider habe ich Børge gebeten, es angesichts unseres schweren Gepäcks lieber zu Hause zu lassen. Ich hätte ein sehr waches Ohr, und deshalb bräuchten wir keine Alarmvorrichtung.

Vielleicht habe ich den Mund etwas zu voll genommen. Und ich spüre, dass Børge es bereut, dass er auf mich gehört hat. Er schlägt vor, dass wir abwechselnd Wache schieben und schlafen. Er ist ein Perfektionist, der alles kontrollieren will, auch die Bären. Ich habe einen eher pragmatischen Ansatz. Ich warte, bis das Tier aggressiv wird, und reagiere erst dann auf die Situation. Wozu Wache schieben? Ich sehe die Notwendigkeit nicht.

»Schließ einfach die Augen und schlaf ein, Børge«, sage ich. »Mein Schlaf ist sehr leicht. Wenn ein Bär kommt, wache ich automatisch auf.«

»O. k., wenn du sicher bist, vertraue ich dir.«

Allerdings können sich die Bären so nahe anschleichen, wie sie wollen: Der Wind heult so laut, dass man sie kaum hören wird …

Als der Reißverschluss repariert ist, kehren wir ins Zelt und zu unserem Optimismus zurück: dass die Temperaturen fallen werden und ein Nordwind die Eisdecke schließt. Und dass uns die Petze in Ruhe lassen.

Im letzten Punkt ist der Wunsch der Vater des Gedankens. Noch in derselben Nacht versucht der ungebetene Besucher erneut sein Glück. Im Schlaf höre ich, wie er um das Zelt streicht. Børge, den die Mündigkeit übermannt hat, kann ich schlafen lassen.

Ich bewege mich vorsichtig zum hinteren Zeltausstieg. Der eindrucksvoll massige Bär ist ganz nah. Obwohl ich schon vielen Bären begegnet bin, fühle ich mich in solchen Momenten noch immer ganz klein. Das ist alles andere als ein Teddy oder Yogi-Bär. Mit einem einzigen Biss seiner Reißzähne kann er mir das Gesicht zerfleischen, und seine Krallen erinnern an Szenen aus der Horrorfilm-Reihe »Nightmare«. Wenn er angreift, ist mein Leben keinen Heller mehr wert.

Ich schieße ein weiteres Leuchtgeschoss in seine Richtung ab. Der Petz trollt sich. Nur halb beruhigt, lege ich mich wieder schlafen.

Beim Aufwachen stellen wir fest, dass unser Feuerwerk das sture Tier kaum beindrucken konnte. Rings um unser Zelt herum zeugen Abdrücke von Tatzen davon, dass er mehrfach zurückgekommen ist. Und unser Schlauchboot – ist zerfetzt.

Den Morgen verbringen wir in unserem Zelt damit, es wieder zusammenzunähen und die Nähte mithilfe unseres Kochers mit Gummiflicken zu verschweißen. Um dieses Werk kümmert sich Børge. Nachdem wir das Boot wieder prall aufgeblasen haben, sieht es so aus, wie wir uns fühlen: energiegeladen und startklar.

Obwohl der Zwischenfall mit dem Bären glimpflich ausgegangen ist, hat er uns doch zugesetzt: Uns ist bewusst, dass unser Gummifresser in der Gegend zahlreiche Vettern hat, und so fühlen wir uns unbehaglich wie zwei Käfigtiere im Zoo, die von Petz-Familien beäugt werden. Dass wir sie im Dunkeln nicht sehen, ist ziemlich erschreckend.

Dass solche »Unannehmlichkeiten« mit zur Reise gehören, wussten wir natürlich vorher. Was wäre das Packeis ohne seine Bären? Auch darf nicht vergessen werden, dass dies ihre Region ist. Die Eindringlinge sind wir.

In den frühen Morgenstunden stellen wir fest, dass ein Nordwestwind das Eis an der Westflanke des Kap Artichesky an die Küste getrieben hat. Vielleicht ist dies das Zeichen, auf das wir gewartet haben. Wir machen uns schleunigst auf, um die Eisdecke zu inspizieren. So weit das Auge reicht – also nur sehr kurz – breitet sich eine einigermaßen stabil erscheinende Fläche aus.

Wir könnten noch ein wenig abwarten, bis sich die Eisdecke um das Kap herum ganz geschlossen hat und uns einen ebenmäßigen und sichereren Untergrund zum Laufen bietet. Oder bis die Strömungen nachlassen und das noch immer nicht berauschende Wetter besser wird. Aber ich spüre Børges Nervosität wegen der Bären. Tatsächlich stellen diese Raubtiere in der Dunkelheit ein echtes Risiko dar, wenn auch mehr für unsere Ausrüstung als für uns selbst. Im Grunde stimme ich ihm zu: Es bringt nichts, ewig weiter abzuwarten.

Børge geht nach Westen, ich ziehe gen Osten los. Lange suchen wir die Küste nach der günstigsten Passage über das Eis ab, und Børge findet sie schließlich.

Wir packen unsere Ausrüstung zusammen. Und dann ist wieder der große Moment des Aufbruchs da. Ein letzter Schritt auf festem Untergrund … und wir tauchen in die eisige Nacht ein. Diesmal gibt es kein Zurück.

Sechseinhalb Stunden laufen wir ohne Pause gegen einen Nordwestwind an, der eine Geschwindigkeit von sieben bis acht Metern pro Sekunde hat. Die Böen blasen uns den Schnee direkt ins Gesicht. Wer von uns beiden vorn läuft, muss nicht nur gegen den Wind ankämpfen, sondern auch höchste Konzentration aufbringen, um eine geeignete Route zu finden. Weil wir dabei schnell ermüden, wechseln wir uns an der Spitze alle ein bis eineinhalb Stunden ab.

In der eisigen Finsternis ist jeder Meter ein Kampf im Rhythmus unserer heiseren Atemzüge. Dazu knackt das Eis, pfeift der Wind und knirschen die gigantischen Schollen, die sich in diesem »Jurassic Park« der Arktis aufeinanderschieben und aneinanderreiben. Nie gibt es eine auch nur relative Sicherheit. Auf diesem »Gelände«, das im Grunde nur ein Konglomerat aus Eiswürfeln ist, die in einem riesigen Glas treiben, bedeutet jeder Schritt ein umso größeres Risiko, als wir den letzten Mond verpasst haben und uns auch kein Stern am Himmel ein fahles Licht spendet.

Die Nacht ist pechschwarz.

Wir sind eingesperrt auf einer Scholle, die von den Fluten des Polarmeers umschlossen ist … Als unter meinen Füßen das Eis nachgibt, rutsche ich nach hinten weg. Børge vor mir auf festerem Grund greift nach dem Seil in seinem Schlitten, wirft es mir zu und hilft mir, in das Schlauchboot zu klettern. Dann schließe ich wieder zu ihm auf.

Wir bewegen uns – oder versuchen es zumindest – durch Schneematsch, einen wässrigen Brei oder eine Suppe. Um nicht zu versinken und auf Nimmerwiedersehen zu verschwinden, kriechen wir wie auf Treibsand ohne Skier auf allen vieren vorwärts. Ein langes blaues Seil, das sich in der Dunkelheit verliert, verbindet uns mit den Schlitten und ihrer überlebenswichtigen Fracht. Und nach jedem geschafften Stück Wegs ziehen wir sie mit der Sorgfalt, mit der lebenserhaltende Maßnahmen durchgeführt werden, wieder an uns heran.

Diese Augenblicke sind so spannungsgeladen und aufreibend, dass wir alle Kräfte mobilisieren und uns auf jede Bewegung unseres Körpers konzentrieren müssen. Mitunter wissen wir nicht, ob wir schwimmen oder kriechen, ob wir vorankommen oder versinken, ob wir noch Angst haben müssen oder schon auf sichererem Grund stehen. Wenn wir mit den Beinen tief einsinken, versuchen wir mit aller Kraft, unseren Körper über Wasser zu halten, immer in Ungewissheit, ob wir es wirklich schaffen oder ob uns der finstere Abgrund für immer verschlingt.

Und jedesmal, wenn wir es geschafft haben, stehen uns weitere hundert, vielleicht tausend Kämpfe bevor!

Wir versuchen, so gut es geht, in der Nähe des anderen zu bleiben, damit wir uns gegen einen angreifenden Bären besser verteidigen können, oder einfach deshalb, weil jeder die Hälfte einer Ausrüstung hinter sich herzieht, die ohne die andere Hälfte wertlos ist. Aber wenn die Eisfläche zu gefährlich oder der Weg schier unpassierbar wird, läuft unser Gespann auseinander. Dann zieht jeder einsam seine Spur durch das matschige Eis, schaut jeder, wie er mit seinem Ariadnefaden, an dem unser beider Leben hängt, irgendwie weiter durch die Dunkelheit kommt.

Wenn wir hier ins offene Wasser stürzen und bis auf die Unterwäsche nass werden, finden wir nicht einmal einen Quadratmeter festes Eis, auf dem wir das Zelt aufrichten können, um uns zu trocknen. Das wäre das Ende der Expedition. Und auch unseres.

Überall lauern tödliche Gefahren. Zum Beispiel ein gewaltiger Eisblock, der hoch über uns aufragt und sich mit einem dumpfen Knirschen an uns vorbeischiebt. Er schwankt stark und könnte jeden Augenblick auf unsere Schlitten niederstürzen.

Mehrmals an diesem Tag kommen wir an Stellen, an denen sich der Sumpf zu einer freien Wasserfläche öffnet. Wenn die Eiskante ein oder eineinhalb Meter über dem Wasser liegt, ist nicht daran zu denken, dass wir hineinsteigen und das Meer durchschwimmen: Sie ist zu hoch, als dass wir auf der anderen Seite wieder nach oben klettern könnten. In diesen Fällen bleibt uns nichts anderes übrig, als uns um das Hindernis herumzubewegen. Dann führt uns der Weg manchmal zurück nach Süden, sodass wir Stunden, wenn nicht gleich den ganzen Tag verlieren. Aber meist schwimmen wir hinüber und schleppen die Schlitten hinter uns her. Sie schwimmen wie Boote, sodass die Ausrüstung trocken bleibt.

Es kostet uns eine gewaltige Überwindung, uns in stockdunkler Nacht in die Fluten des Polarmeers gleiten zu lassen, bis zum Hals einzutauchen und schwimmend einen finsteren Abgrund von 5000 Metern Tiefe zu überqueren – ein echter Albtraum.

Wenn das Eis unter unseren Füßen einzubrechen droht, müssen wir rasch reagieren, sogar blitzschnell stehenbleiben, uns abschirren, die Skier abschnallen, sie im Schlitten verstauen und diesen wieder abdecken. Dann in voller Montur mit Schuhen in die weiten, wasserdichten orangefarbenen Anzüge schlüpfen, die nur das Gesicht freilassen. 20 bis 25 Minuten benötigen wir dafür, bei sehr schlechtem Wetter auch 30. Ich brauche ein wenig länger als Børge, weil mein Anzug etwas zu groß ist. Es dauert einige Zeit, bis ich mit den Händen in den zu langen Ärmeln ganz bis nach vorn vorgestoßen bin. Und dann muss ich das Ganze noch entsprechend meiner eher gedrungenen Statur glattziehen. Børge ist dagegen blitzschnell angezogen. Er zwängt sich problemlos in die unmöglichsten Monturen und schält sich aus ihnen so beweglich wie ein Schlangenmensch wieder heraus. Das ist nur eine der vielen Spezialitäten dieses ehemaligen

Kommandotauchers. Sobald wir in den Anzügen stecken, lassen wir uns vorsichtig ins Eiswasser gleiten, das verglichen mit der umgebenden Luft geradezu warm ist – zwei oder drei Grad gegenüber -30 oder $-40\,°C$ draußen. Trotzdem darf es auf keinen Fall in den Anzug laufen: Zurück auf dem Eis, würde es in der Kleidung gefrieren – und ganz schnell für eine Unterkühlung sorgen.

Leider kann man in dem wärmenden Anzug beim Schwimmen auch schnell ins Schwitzen geraten, und auch diese Feuchtigkeit gefriert. Und während wir uns anstrengen, verlieren wir viel Wärme am Kopf. Das Polarmeer umschließt uns wie eine Riesenfaust und drückt die Schichten unserer Kleidung zusammen, sodass die isolierende Luft zwischen ihnen entweicht. Ohne sie kühlen wir rasch aus. Schon nach zwanzig Minuten droht dann Unterkühlung. Angst macht uns also weniger das Eintauchen in diese eisigen Fluten als vielmehr die Zeit, die wir in ihnen verbringen müssen.

Ich sehe, wie Børge im finsteren Wasser entschwindet. Es ist, als würde er von dem Schneematsch auf der Oberfläche verschluckt. Meist steigt er als Erster ins Meer und ich gleich hinterher und versuche mit ihm gleichauf zu ziehen. Auch er hält sich möglichst in meiner Nähe, obwohl wir uns in dieser extrem gefährlichen Situation gegenseitig nicht retten könnten. Man muss ganz ehrlich sagen, dass sich hier jeder selbst der Nächste ist.

In der absoluten Dunkelheit orientiere ich mich an der Richtung des Windes, der mir ins Gesicht bläst. Mit jeder Bö wirft der Ozean kurze, abgehackte Wellen, die uns ins Gesicht schwappen und uns bespritzen. Wir schützen uns, indem wir die Schlitten vor uns herschieben, aber trotzdem findet das Wasser einen Weg in unsere Anzüge. Obwohl es uns nur tropfenweise den Rücken hinabrinnt, fühlt es sich an, als bekomme man Kohlensäure in die Adern gespritzt.

Die Strömung, in der das Eis mit hoher Geschwindigkeit abdriftet, ist im Wasser noch heftiger. Wir können kaum auf einer geraden Linie schwimmen, schon wegen der Schlitten, die wir je nach Situation schieben oder schleppen müssen. Der kleinste Unterschied zwischen den einzelnen Strömungen könnte uns kilometerweit voneinander wegtreiben. Und wenn uns eine Windbö einen Schlitten aus der Hand reißt, verschwindet er binnen Sekunden außer Reichweite.

Außerdem könnte es passieren, dass sich die Eisdecke um uns herum schließt und uns zerquetscht oder dass sie auf der anderen Seite zerbricht und sich zurückzieht, ohne dass wir es merken. Dann würden wir vielleicht Dutzende Kilometer schwimmen, ohne auf festes Eis zu stoßen. Wenn dann noch die Strömung dazukommt, könnten wir die Orientierung verlieren und auf Nimmerwiedersehen verschwinden!

Dann könnte uns schon die Panik umbringen.

Børge und ich versuchen mit aller Kraft, beieinanderzubleiben und Sichtkontakt zu halten. Wenn wir uns aus den Augen verlieren, sehen wir uns vielleicht nie wieder. Aber manchmal nimmt uns ein Schlitten die Sicht, oder der andere verschwindet hinter einem treibenden Eisblock. In solchen Augenblicken krampft sich einem der Magen zusammen: Wir sind auf Gedeih und Verderb aufeinander angewiesen, weil jeder die Hälfte der Ausrüstung mit sich führt. Sekunden werden zu Stunden und Minuten zu einer Ewigkeit … Wenn endlich das kleine Licht meines Teamkameraden wieder auftaucht, fallen mir zwanzig Steine vom Herzen.

An die gegenüberliegende Eisplatte schwimmen wir besser dicht nebeneinander heran: Das senkt das Risiko, dass uns ein lauernder Polarbär an der Eiskante mit einer Robbe verwechselt. Die großen weißen Räuber sind übrigens bessere Schwimmer als Läufer und springen begeistert ins Wasser, um ihre Beute zu schnappen.

Dass wir im Meer noch gefährdeter sind als auf dem Eis, ist gar kein Ausdruck. Schließlich nähern wir uns dem anderen »Ufer«. Nur dass es kein Ufer und keine klare und fest umrissene Eiskante ist. Was uns empfängt, ist eine Eissuppe, die unter unseren Halt suchenden Händen nachgibt. Aber wir müssen das Wasser augenblicklich verlassen, sonst drohen wir auszukühlen.

Am Ende stoßen wir Gott sei Dank doch auf so festes Eis, dass wir uns selbst aus dem Sumpf ziehen können. Børge und ich bekommen den Dreh rasch heraus: Wir stützen uns auf einem Schlitten auf, schlagen wie beim Delfinschwimmen energisch mit den Beinen und wuchten uns mit einem kräftigen Hüftschwung aufs Eis. Dann brauchen wir uns nur noch im Schnee zu wälzen, damit er an unseren Anzügen kleben bleibt und an ihnen das Wasser aufsaugt. Mit den Füßen schlagen wir den dünnen Eispanzer ab, der sich am Rumpf der Schlitten gebildet hat, sobald wir sie herausgezogen haben. Nach einigen Minuten klopfen wir den Schnee von unseren Anzügen ab.

Diese Schwimmtouren bei stockdunkler Nacht, allein im Schein unserer Stirnlampen, ohne Orientierung und ohne zu wissen, wann wir auf der anderen Seite ankommen, bedeuten nicht nur einen großen Zeitverlust. Sie sind zudem ein Würfelspiel mit unserem Leben als Einsatz. Leider werden wir noch häufig würfeln müssen. Zu häufig für zwei Profi-Abenteurer, die gewöhnlich – wenn sie irgendwie können – nur kalkulierbare Risiken eingehen.

Dass wir zu zweit sind, hat immerhin Vorteile. Bei so entscheidenden Fragen wie der, ob wir die wasserdichten Anzüge anlegen oder einen Weg um das Hindernis herum suchen und dabei vielleicht ganz umsonst mehrere Stunden verlieren, verringert sich dank unserer geballten Erfahrung die Wahrscheinlichkeit, dass wir uns falsch entscheiden und in Lebensgefahr geraten. Jedenfalls bringt es in der Finsternis meist nichts, mit topografischem Gespür nach einem Umweg um eine offene Wasserfläche zu suchen, von der wir nicht wissen, wie weit sie sich ausdehnt und was uns unterwegs erwartet. Wir wissen immer nur eines: Wir müssen jetzt und bis zum Schluss immer weiter nach Norden.

Als wir den ersten richtigen Tag unseres Laufs zum Pol – oder besser des Kriechens und Schwimmens – beenden, haben wir 19 Kilometer zurückgelegt. Wegen der starken Abdrift des Eises nach Südosten sind wir unserem Ziel aber nur zwei Kilometer näher gekommen!

Wir suchen eine einigermaßen solide Eisfläche und stellen unser Zelt auf. Daran binden wir sämtliche Teile der Ausrüstung – Schlitten, Schlauchboot, Skier usw. – an, damit sie auf dem treibenden Eis nicht verschwinden können, während wir schlafen. Und nach den vergangenen

Lehren installiert Børge vor dem Zelteingang Ersatz für sein *Bearwatch*-System: eine Schnur aus Kevlar, die mit dem Abzug der Leuchtpistole verbunden ist. Wenn ein ungebetener Besucher mit einer Tatze einen Schuss auslöst, soll ihn das Leuchtgeschoss in die Flucht treiben.

Das Zelt stellen wir grundsätzlich mit dem Eingang zur windabgewandten Seite auf und installieren das Alarmsystem direkt davor: Bären schleichen sich gegen den Wind an, damit sie nicht gewittert werden können. (Bei uns und bei dem vergleichsweise unempfindlichen menschlichen Geruchssinn ist diese Vorsichtsmaßnahme natürlich überflüssig.) Knapp einen Meter entfernt sind unsere Schlitten am Zelt angebunden. So weckt uns ein marodierender Bär, der sich an ihnen zu schaffen macht, mit Sicherheit auf.

Unendlich stärker als die Bären beunruhigt mich allerdings das Treibeis, das uns wie auf einem Förderband in die falsche Richtung transportiert.

Gott weiß, wo wir aufwachen werden! Und wie wir das schaffen sollen, wenn noch weitere so harte Tage vor uns liegen.

Trotz allem sind Børge und ich an diesem Abend glücklich. Wir wissen zwar nicht, ob wir den Pol erreichen werden, sind aber wenigstens endlich losgekommen. Das allein ist ein großer Erfolg.

Kapitel Acht

Dreamteam

23. Januar. Wie wir es befürchtet haben. Im Schlaf sind wir so weit abgetrieben, dass wir uns in Kürze *südlich* vom Kap Artichesky wiederfinden.

Und unser zweiter Tag auf dem Eismeer (mehr Meer als Eis) ist so schwierig wie der erste.

Einer meiner Schlitten bricht im rissigen Eis ein und steckt fest. Ich brauche eine gute halbe Stunde, um ihn herauszuziehen. Die aufeinanderfolgenden Stürme haben das Eis auseinandergeschoben und noch mehr offene Wasserflächen geschaffen. Fünfmal müssen wir in unsere Schwimmanzüge steigen.

Wir kämpfen mit wilder Kraft, aber je schneller wir uns vorkämpfen, desto weiter driftet das Eis mit uns zurück. Wir bewegen uns mit einer Geschwindigkeit von 1,4 Kilometern pro Stunde über Grund. Leider rückwärts.

Für den nächsten Tag ist eine Temperatur um − 14 °C angesagt – und ein Abflauen des Windes, der uns jetzt noch mit fünf bis sechs Metern pro Sekunde böig und mit Schnee beladen ins Gesicht peitscht. Von einer Schwimmtour abgesehen, bewegen wir uns den ganzen Tag über ein uferloses Mosaik aus Schollen in einer Zone, in der das

Eis unter dem inneren Druck wie Glas zerspringt. Überall türmen sich große Brocken auf, werden Schollen aufeinandergeschoben und bleiben wie erstarrte Wellen übereinander liegen. Wir »vergnügen« uns beim *ice hopping*, Sprüngen von einem Eisblock zum anderen, ein Spiel, das ich mit meinen Töchtern letztes Jahr im äußersten Norden Kanadas gespielt habe. Heute könnte ich darauf verzichten.

In der absoluten Dunkelheit sehe ich nur den Lichtkegel von Børges Stirnlampe: ein winziger heller Punkt in den Tiefen der Nacht. Wenn der Abstand zwischen uns geringer wird, erkenne ich bisweilen den roten Fleck seines Parkas. Und er sieht dasselbe von mir, wenn er die Führung übernimmt: den Lichtpunkt und den roten Fleck, die sich tanzend entfernen und immer wieder verschwinden. Obwohl ich mich auf den Untergrund vor meinen Skiern konzentriere, um nicht in einer Schneewehe stecken zu bleiben oder in einer Eisspalte zu landen, behalte ich Børge als *leader* im Auge. Denn wer von uns führt, dreht sich nach dem anderen nur selten um. Wir müssen uns darauf verlassen können, dass er als Profi seine Verantwortung kennt und ihr nachkommt. Schließlich sind wir kein Kindergarten.

Der Abstand zwischen uns darf nie zu groß werden. Sonst könnten wir uns verlieren.

Wir laufen, schleppen, hieven … Wir laufen, klettern, kriechen, erklimmen Brocken und stürzen … Wir laufen … Meine beiden Skier tanzen im Licht meiner Stirnlampe wie Artisten im Scheinwerferkegel vor und zurück. Die Zeichnungen von Annika und Jessica werden nach und nach zum Gradmesser meines Fortkommens, zur

Maßeinheit meiner Schritte. Ich rechne mir aus: Wenn ich nicht so große Schritte mache, dass die Wörter *Good luck* in Schein meiner Lampe auftauchen, dauert es bis zum Nordpol eine Woche länger.

Wir laufen und laufen – und fallen doch noch weitere zehn Kilometer zurück! Nach zwei Tagen haben wir gegenüber der nördlichen Breite, auf der wir gestartet sind, 18 Kilometer verloren. Wir müssten uns eher westlich in Richtung Norwegen und Grönland halten, treiben aber zielstrebig nach Osten in Richtung Alaska ab. 18 Kilometer südlich und 50 Kilometer östlich vom Kap Artichesky legen wir uns schlafen.

Wir sind seit fünf Tagen unterwegs und unserem Ziel keinen Millimeter näher gekommen. Andere würden aufgeben, brav zu ihrem Basislager zurückkehren und die Sache zu den Akten legen. Mich spornen solche Widrigkeiten nur noch mehr an. Ich weiß, dass das Geheimnis des Erfolgs darin liegt, dass man eisern an seinem Ziel festhält und sich nicht entmutigen lässt. Irgendwann wird der Wind drehen. Und dann wechselt auch das Treibeis seine Zugrichtung.

Alles eine Frage der Zeit. Seit unserem ersten Schritt vom Kap Artichesky weg schienen sämtliche Hindernisse unüberwindlich; trotzdem haben wir sie – bis jetzt – alle überwunden.

Und noch eines lässt uns guter Dinge sein: Bären sind im Augenblick nicht in Sicht. In dieser tintenschwarzen Nacht würde man sie allerdings nicht einmal in zehn Metern Entfernung sehen!

Ich wusste es! Endlich wendet sich für uns das Blatt. Wenn auch vielleicht nicht ganz: Unsere Abweichung von der Route beträgt nur noch 12 Grad Süd. Wir kommen in einem Tag um 12 Kilometer voran und befinden uns jetzt praktisch wieder auf der Höhe des Kaps Artichesky. Eine Rückkehr an den Start.

Das Eis ist jung, erst einige Wochen oder nur Tage alt, aber die Oberfläche ist beinahe eben, und seine Dicke schwankt zwischen drei und 30 Zentimeter – also insgesamt ein gangbares Terrain. Nach allem, was wir durchgemacht haben, wollen wir uns nicht beklagen.

Achtzig bis neunzig Kilometer nördlich von uns fängt das »alte«, dickere Eis an, das träger und stabiler ist. Hier werden wir schneller vorankommen.

Unser Ziel: eine durchschnittliche Geschwindigkeit von 15 Kilometern pro Tag. Zwanzig, wenn uns die Abdrift zu Hilfe kommt.

Es scheint sich zu bestätigen. Der Wind dreht und bringt uns über Nacht zwei Kilometer weiter. Das Thermometer fällt. Die weiten eisfreien Flächen schrumpfen zu Spalten zusammen, die man ohne allzu große Mühe überspringen kann. Und wenn sie breiter sind, können wir sie durchschwimmen.

Unser Schlauchboot haben wir zwei Tage nach unserem Aufbruch vom Kap Artichesky zurückgelassen. Das war so vorgesehen, weil die offenen Stellen im Polarmeer kleiner werden, je weiter wir nach Norden kommen. Außerdem können wir nicht dauernd zusätzliche 54 Kilogramm Gewicht mitschleppen.

An einem Tag – unserem bislang besten – sind wir 17 Kilometer in die richtige Richtung weitergekommen. Wir wären begeistert, wenn wir nicht so scheußliches Wetter hätten. Ein eisiger Nordwind, der die Anzeige des Thermometers auf − 30 °C heruntergedrückt hat, peitscht uns mit Schneeböen ins Gesicht. Dann dreht der Wind auf Südwest und kommt mit noch mehr Schnee daher. Ganz schnell sind die eben noch erkennbaren Pisten zugeschneit. Das Packeis wird zum verminten Gebiet: Im Dunkeln können wir die Abstufungen des Untergrunds nicht mehr erkennen. Wir tasten uns mit unseren Skistöcken vorsichtig voran, um nicht im Wasser zu landen.

Am Ende der Zeit, die sonst der Nachmittag ist, stoßen wir auf eine ganz frische Spalte, die sich am Vormittag geöffnet haben muss. Sie ist zu ausgedehnt, als dass wir uns einen Weg um sie herum suchen könnten. Es würde uns Stunden kosten. Sie ist von einer jungen Eisschicht überzogen, die zu tragen scheint. Vorsichtig wagen wir uns auf sie hinauf und prüfen mit unseren Stöcken die Festigkeit. Beim vierten Test durchstoßen wir sie. Børge und ich tauschen einen besorgten Blick aus, kommen aber wortlos überein, dass jeder auf seiner Seite weitergeht.

Unser Gespür sagt uns, dass wir einen Fehler machen. Jedenfalls den, unsere Kunststoffanzüge nicht anzuziehen. Wir fühlen es regelrecht im Bauch.

Ich taste mich rechts von Børge, ungefähr auf seiner Höhe, über das Eis bis zu einer besonders dünnen Stelle voran, in der festere Eisschollen wie Glassplitter in frischem Zement eingeschlossen sind.

Was dann passiert, lässt sich nur schwer beschreiben. Ohne uns auszutauschen, wussten wir beide genau, was

86

kommen würde. Die Frage war nicht ob, sondern nur wann. Obwohl sich alles im Bruchteil einer Sekunde vollzieht, sehe ich es wie in Zeitlupe: Diese Oberfläche, die sich so seltsam verhält, wie sie aussieht, knickt unter dem Gewicht meines Partners und seines Schlittens plötzlich ein. Und droht schlagartig vollends einzubrechen. Eine Nanosekunde später müsste Børge im Wasser verschwinden.

In einem astreinen Reflex hechtet er zwei Schritte nach vorn, spreizt seine beiden Skier so weit er kann auseinander und verteilt sein Gewicht so über eine möglichst große Fläche. Ich kann seine Miene sehen, in der sich Angst und Wut spiegeln. Ist er so zornig, weil er sich einen Schritt zu weit vorgewagt hat? Weil er seinen wasserdichten Anzug nicht angezogen hat, bevor er sich auf dieses gefährliche Manöver eingelassen hat?

In unserer Eile, zum Pol vorzustoßen, begehen wir beide täglich solche Fehler: Mit dem Anlegen dieser verdammten Anzüge verlieren wir kostbare Zeit, während der wir nicht nur auf der Stelle treten, sondern sogar zurückdriften. Da ist die Versuchung groß, das Risiko einzugehen und diese Kluft wegzulassen. Dabei überlässt Børge gewöhnlich nichts dem Zufall. Aber die Arktis kann einen verhexen, wenn sie einen in die Falle locken will.

Zum Glück haben wir uns nicht direkt nebeneinander über das Eis getastet. Es wäre unter dem Gewicht von uns beiden mit Sicherheit eingebrochen. Und da wir uns auf diesem gefährlichen Untergrund bereits 150 Meter weit vorgewagt haben, hätten wir das rettende feste Eis kaum noch erreicht. Wahrscheinlich wären wir für immer in einem Eisloch verschwunden.

Dreimal müssen wir noch in aller Hast durch offenes Wasser schwimmen, weil sich das Eis in Bewegung um uns herum rasch wieder zusammenschiebt.

Die Eisdecke ist noch immer zu dünn. Würde sie nur endlich fester …

Eine Woche liegt nun unser Start schon zurück. Im Durchschnitt müssen wir pro Tag fünf- oder sechsmal offenes Wasser passieren. Wider Erwarten bläst der Wind eher aus Westen als aus Südwesten und treibt uns so nach Südosten ab. Wir klammern uns an die Hoffnung auf eine Abdrift nach Norden. Ob sie kommt, steht in den Sternen.

Angesichts unserer heiklen Situation beende ich meine Satellitenbotschaft des Tages mit den Worten: »Genießt euer Wochenende und vergesst nicht, richtig zu leben, solange ihr könnt. Das Leben ist kurz. Jede Minute zählt!« Kälte konserviert nicht nur, sie beflügelt auch zu philosophischen Worten.

Aber sie relativiert auch die Dinge: In unserer Situation, die manche als höchst prekär bezeichnen würden, wissen wir schnell unseren »Luxus« zu schätzen: dass wir im Sturm ein Zeltdach über dem Kopf haben und inmitten dieser eisigen Einöde, in der es nichts gibt, über ausreichend zu essen und einen Schlafsack verfügen. Und über die Wärme eines Kochers, so bescheiden sie auch ist.

Und eines weiß ich schon jetzt: Nach der Rückkehr nach Hause werde ich so selbstverständlich erscheinende Dinge wie fließendes Wasser und ein Bett richtig genießen können. Oder einfach den Komfort, hinter mir die Tür zuzumachen, anstatt an einem Reißverschluss herumpfriemeln zu müssen. Und einen Luxus, den die Arktis nie bietet, werde ich ganz besonders genießen: friedlich schlafen zu können, ohne um das eigene Leben zu bangen.

Wenn keine ernsthaften Probleme dazwischenkommen, wenn die Ausrüstung durchhält und die Abdrift für uns arbeitet, sind wir in ungefähr sechzig Tagen am Nordpol.

Wenn …. Wenn … Aber man kann das Packeis eben nicht in eine Flasche füllen, auch wenn es immer weiter und schneller abschmilzt.

Zu unserer Ermutigung spendiert uns die Arktis einen ganzen Tag, an dem wir kein einziges Mal schwimmen müssen. Die Eisfläche wird stabiler und etwas dicker: stellenweise bis zu sechzig Zentimeter. Die Angst, mit der wir einen Ski vor den anderen setzen, lässt allmählich nach.

Die Temperatur steigt auf $-10\,°C$. Bei einem Westwind, der mit zehn bis zwölf Metern pro Sekunde dahinfegt, kommen wir nur langsam voran. Aber immerhin kommen wir voran.

Wir bewegen uns über altes Eis, was an sich sehr gut ist. Allerdings haben es die Meeresströmungen und Winde zu hohen Kämmen aufgeschoben, die sich als regelrechte Gebirge vor uns auftürmen. Wir sehen sie auf den Satellitenbildern, die uns die kanadische Wetterstation schickt. Die Meteorologen sprechen bei solchen Zonen von *milky ways*, weil sie sich als milchiger Kontrast von der umliegenden Eislandschaft abheben. Und vor allem wegen ihrer gewaltigen Ausdehnung. Sie mit den Schlitten zu durchqueren ist mit endlosen Strapazen verbunden. Wir schieben, ziehen, rutschen aus, stürzen und stehen wieder auf. Es dauert Stunden, und dann beginnt alles von vorn. Wir schieben, zerren am Seil unserer Schlitten. Wir geraten ins

Schwitzen und fürchten, in unseren dicken Kleidern im Stehen einzufrieren. Wenn wir auf ein Hindernis stoßen, wollen wir möglichst schnell weiterkommen, laufen anschließend umso schneller und stoßen auf das nächste Hindernis.

Wenn sich wenigstens das Wetter beruhigen würde. Die stürmischen Winde, gegen die wir seit Beginn unserer Expedition ankämpfen mussten, und die Achterbahnfahrt der Temperaturen bereiten zusätzliche Probleme: Wir werden nicht nur von den Eisformationen aufgehalten, sondern auch von unserer Kleidung, von der wir immer wieder ein Stück ablegen oder anziehen müssen.

Stundenlanges *ice hopping* und ein wenig Schwimmen im Polarmeer: An einem Tag schaffen wir so zwölf Kilometer. Fünfzig haben wir hinter und noch 919 vor uns.

Endlich ist Südwind angesagt.

Aber am nächsten Tag bläst uns der Nordwind noch heftiger entgegen. Die Temperatur stürzt. Die Eisdecke über dem Polarmeer zerbirst und öffnet sich an vielen Stellen. Und sie driftet mit 0,8 Kilometern pro Stunde weiter nach Südosten ab. Wann steuert das Packeis endlich einen anderen Kurs? Wann wendet sich das Blatt wirklich?

Jetzt jedenfalls noch nicht. Und es kommt sogar noch schlimmer. Wir kämpfen stundenlang gegen westliche Sturmböen an und haben den Eindruck, auf der Stelle zu treten.

Und dieser Eindruck ist nicht nur sehr unangenehm, er entspricht auch noch den Tatsachen.

Als wir eine Zone durchqueren müssen, in der Eisblöcke zu einem gigantischen Haufen aufgetürmt sind,
schnallen wir die Skier ab. Dabei gleitet Børge mit dem
Bein abrupt in ein Eisloch. Als er es herauszieht, bleibt er
so unglücklich mit dem Schuh hängen, dass am hinteren
Ende die Sohle ein Stück weit vom Obermaterial reißt. Er
muss den Schuh sofort reparieren, sonst erfrieren seine
Füße.

Auf seinen Touren über die Polkappen der Welt hat er
wenig Rücksicht auf sie genommen, sodass sie jetzt besonders frostempfindlich sind. Sobald er das Zelt verlässt,
muss er sich ständig bewegen, um sie warm zu halten.
Wenn es besonders eisig wird, schnallt er die Ski wieder
an, um sie vor dem Wärmeverlust auf dem Eis zu schützen.

Kaum haben wir das Zelt aufgestellt, stürzt er sich in
eine beeindruckend sorgfältige und komplizierte Arbeit –
eine Reparatur, bei der er das macht, was er in Norilsk
vorbeugend am vorderen Teil seiner Schuhsohlen getan
hat. Mit einem kleinen Handbohrer, der aussieht wie ein
altmodischer Korkenzieher mit einer Öse, in die man als
Griff einen Bleistift einführen kann, bohrt er in den hinteren Teil der Sohle und die entsprechenden Stellen im
Schuh Löcher hinein und näht die Sohle mit Fallschirmgarn wieder an.

Über sechs Stunden benötigt er für diese erstaunliche
Präzisionsarbeit. Wie in Norilsk rät er mir, die Klebung
meiner Schuhsolen am hinteren Ende vorbeugend ebenfalls mit Nähten zu verstärken. Sie stammen vom gleichen
Ausrüster. Der hat ihm versichert, dass die Klebungen
speziell für diese Expedition verstärkt worden seien und
jeder Belastung standhalten würden. Diesmal weiche ich

Børge höflich aus und begnüge mich damit, meine Sohlen an der Ferse festzuschrauben. Die Operation kostet mich für jeden Schuh eine Schraube und zwei Minuten. Falls es doch nicht hält, kann ich mich ja immer noch ans Nähen machen.

Irgendwie bleibt mir der Gedanke fremd, etwas zu reparieren, bevor es kaputtgegangen ist. Für so etwas bin ich viel zu optimistisch. Ich gehe immer davon aus, dass die Teile so gefertigt sind, dass sie wirklich halten. Wenn sie dann doch Anstalten machen, den Geist aufzugeben, ergreife ich natürlich die notwendigen Maßnahmen.

Noch immer Dunkelheit und eisige Kälte. Noch immer brennt uns der schneidende Wind trotz unserer schützenden Maskenmützen auf der Haut. Und noch immer tauchen auf diesem Eisrelief im Schein unserer Stirnlampen ständig neue Überraschungen auf. Jeder Meter kostet Willenskraft. In der ständigen absoluten Dunkelheit, in der uns nur unsere Stirnlampen leiten, fassen wir gerade erst Tritt.

Unsere Ausrüstung zeigt Schwächen, aber wenigstens sind wir beide in Hochform. In den (durchschnittlich) neuneinhalb Stunden Marsch täglich verbrennen wir bis zu siebentausend Kalorien. Sie treiben bei diesen Belastungstests auf der Extremstrecke unsere »Motoren« an.

Wenn das Ende des Tages naht, zählen wir die Minuten bis zu dem Moment, da wir unser Abendessen verschlingen und in den Schlaf fallen dürfen. Unsere Kasserolle, eine Spezialanfertigung, die uns als Kocher und Kochtopf dient, ist ein wahres Meisterwerk der Technik. Eine kleinere Version hat mich bereits auf meiner Tour entlang dem Nordpolarkreis begleitet. Sie ist für zwei Personen ausgelegt und fasst zwei Liter. Vor unserer Abreise hatte ich Børge beiläufig verraten, dass ich meinen Kochtopf auch als Toilette benutzt habe. Als er sich wieder gefasst hatte, erinnerte er mich daran, dass ich diesmal nicht allein unterwegs sei. Auf diese Gewohnheit solle ich doch bitte verzichten. Ich musste lachen und konnte ihn natürlich beruhigen.

Vor oder nach dem Abendessen verschicke ich, zusammen mit etwas Kommentar, meine sämtlichen Fotos vom Tag, die ich auf meiner Combox aufgenommen habe. Täglich suchen 12 000 Personen meine Website auf, die in drei Sprachen erscheint. Diese Arbeit ist eigentlich kinderleicht, bedeutet für mich am Ende unseres langen, harten Tages aber immer eine mühselige Aufgabe. Im Kampf gegen die Müdigkeit helfen der Gedanke, dass die Freunde in der Ferne auf Nachrichten und Fotos warten, und die Lust, sie an unseren Extremabenteuern teilhaben zu lassen. Allerdings fällt in diesen Breiten die Kommunikation über Satellit häufig aus. Die Übertragung dauert um die zwanzig Minuten. Wenn die Verbindung abreißt, fange ich wieder von vorn an. Dann kann der Abend lang werden. Børge schläft oft längst, während ich noch mit den Geräten kämpfe. Wenn mich der Schlaf übermannt, verschiebe ich manchmal die ganze Prozedur auch auf den nächsten Abend. Børges Website aktualisiert ein gewisser Olav, dem er jeden Abend seine eigenen Informationen schickt.

Wir geben uns jede Mühe, alle auf dem Laufenden zu halten, und tatsächlich ist das Interesse an unserer Expedition auch groß. Trotzdem glaube ich kaum, dass sich jemand vorstellen kann, was wir hier durchmachen. Ich verschicke nicht nur Berichte und Fotos, sondern versuche den Freunden, die zu Hause verfolgen, wie wir vorankommen, auch etwas über unsere Leiden, Ängste, Gefühle und Freuden mitzuteilen: das schwarze Wasser, die endlose Finsternis, die lauernden Polarbären, die schneidende Kälte, die Angst, bei jedem Schritt im Eis einzubrechen, der kräftezehrende Lauf, bei dem wir angeschirrt wie Zugtiere blind durch die Nacht ziehen, und der Trost eines Zeltes und einer heißen Mahlzeit. Die Leute in der Zivilisation sollen von diesen unbekannten Weiten, in die wir uns hineingewagt haben, eine grobe Vorstellung bekommen – und vielleicht eine vage Ahnung von den geradezu unmenschlichen Strapazen, denen wir tagtäglich ausgesetzt sind.

Je schwieriger und unüberschaubarer die Lage ist und je größer die Hindernisse sind, desto mehr Fotos verschicke ich. Als müsse die Bilderfülle im richtigen Verhältnis zu den durchlebten Härten stehen, damit andere sie nachvollziehen können. Allerdings sind die Fotos noch nie so schön gewesen wie jetzt, da sich seit einiger Zeit der Mond wieder zeigt und etwas Licht ins Dunkel bringt. Am Pol steht er der Erde um ungefähr zehntausend Kilometer näher als in unseren Breiten. Zudem ist er deutlicher sichtbar, weil die Atmosphäre frei von jedem Schmutzschleier ist. Von hier aus erkennt man seine Krater mit einer nie gesehenen Schärfe und mehr Einzelheiten als sonst. Übergroß, taucht er das Packeis in sein fluoreszierendes Licht, das die offenen Stellen des Polarmeers zum Leben erweckt und sich im Inneren des Eises widerspiegelt. In diesem zarten Glanz, der aus dem Nichts erschienen ist, in diesem schwachen Widerschein, der uns wie ein Zauber umgibt, wirken wir wie gespenstische Silhouetten, wie Roboter, die einen fremden Planeten erkunden.

Vielleicht träumen wir ja nur …

Trotz der tagtäglichen Strapazen – ich beklage mich nicht über sie, denn es hat uns ja niemand zu diesem Unternehmen gezwungen – spüre ich, dass wir Glückspilze sind. Wer hat schon gesehen, was wir hier sehen? Und wer wird jemals so etwas erleben? Wer sonst ist so reich an Erfahrungen?

Seit der Antike befassen sich die Denker mit der Frage nach der Natur des Reichtums – der Güter, des Geldes oder der Spiritualität. Ohne mich auf das Gebiet der Philosophie vorwagen zu wollen, sage ich einfach: Unsere Expedition veranschaulicht bestens ein Prinzip, das ich immer zu leben versuchte: Das Glück hängt weniger vom Besitz als von der Fähigkeit ab, sich mit wenig zu bescheiden. Und unser Glück besteht aus genau dem, was wir mit uns schleppen. Aus nicht mehr und nicht weniger. Unsere wenigen Besitztümer hier sind von unschätzbarem Wert. Mehr als die Ladung unserer Schlitten brauchen wir nicht zum Leben. Aber es muss die *ganze* Ladung sein. Jedes noch so kleine Ding – außer der Fahne – ist notwendig, ja überlebenswichtig.

Wir erproben eine neue Variante des Abwehrsystems gegen Bären: Wir hängen die Leuchtpistole, deren Abzug mit der Schnur verbunden ist, an einem Seil zwischen einem Schlitten und einem Skistock auf, und zwar so, dass das Leuchtgeschoss einen Bären erschreckt, ohne ihn zu verletzen, wenn er den Schuss auslöst. Allerdings scheinen die Bären das Interesse an uns verloren zu haben. Wir können ungestört durchschlafen.

Børge und ich sind uns bewusst, dass sich vor allem in diesen ersten Wochen entscheidet, ob wir unser Ziel erreichen werden. Diese Phase ist von höchster Bedeutung. Und sie geht jetzt zu Ende. Zeit, eine erste Bilanz zu ziehen und unsere Erfolgschancen einzuschätzen.

Bei den Vorbereitungen haben wir alles mehr als richtig gemacht. Mit Blick auf unsere körperliche Verfassung müssen wir uns vor niemandem verstecken. Unsere Ausrüstung und die technische Unterstützung der Partner sind Spitzenklasse, auch wenn es kleinere Probleme gibt. Und wir bringen beide so viele Stunden Erfahrung in der Polregion mit, dass uns nichts mehr überraschen kann. Wir beherrschen jede Situation. Und die wenigen strategischen Entscheidungen, die wir gemeinsam getroffen haben, haben bislang zu guten Ergebnissen geführt. Wir bilden das perfekte Zweiergespann, zusammengeschweißt durch ein kapitales Element, das sich einstellt, wenn das Leben des einen ständig in den Händen des anderen liegt: das gegenseitige unumschränkte und absolute Vertrauen. Dieses Vertrauen ist in den zurückliegenden Tagen des Zusammenseins weiter gewachsen und fester geworden. Ich bin überzeugt, dass es sich für unseren Erfolg als entscheidend erweisen wird.

Etwas Wichtiges muss sich dagegen erst noch richtig entwickeln: die Harmonie zwischen den beiden Mitgliedern unseres Teams. Sie ist grundlegend. Ob sie sich einstellt, hängt vor allem davon ab, wie gut es uns gelingt, mit der Intimität, zu der uns diese Art Abenteuer zwingt, umzugehen. Im Klartext: wie gut wir lernen werden, zu zweit auf engstem Raum zu leben.

Angesichts der beengten Verhältnisse hat jedes noch so kleine Utensil seinen festen Platz. So zum Beispiel unsere Säcke für die persönlichen Sachen, den Fotoapparat, Batterien, Ersatzhandschuhe, die Ausrüstung für Erste Hilfe, das Reisenecessaire usw. Meiner liegt zwischen meinem Kopf und der Zeltwand, Børges ist zwanzig Zentimeter länger und nimmt entsprechend mehr Platz ein.

Gleich in der ersten gemeinsamen »Nacht« im Zelt haben wir wie ein Ehepaar beim Beziehen seines Hotelzimmers festgelegt, wer wo schlafen wird. Als der Ältere und Erfahrenere durfte Børge wählen. Er entschied sich für die Seite, die beim Hineingehen rechts liegt. Es ist sozusagen die Seite mit der »Tür«, da sich der Einstieg nicht über die gesamte Breite des Zeltes erstreckt. Børge behält nachts die 44er Magnum in Griffweite. Wenn ein Bär angreift, muss er sofort zielen und schießen können. Ich verwahre die Leuchtpistole. Da man sie vom Zelt aus nicht abfeuern kann – es könnte in Brand geraten –, muss ich nach draußen gehen. Ich muss also gegebenenfalls über Børge hinüberklettern.

Børge schläft lieber Seite an Seite neben mir anstatt entgegengesetzt. Er befürchtet, er könnte mir mit den Füßen gegen den Kopf treten, wenn ihn in der Nacht eine verdächtige Bewegung weckt. Es ist jedenfalls gut gemeint, und dass mir der Stoffumschlag des Eingangs regelmäßig ins Gesicht hängt, ist lästig, aber zu verkraften.

Børge ist Perfektionist und verabscheut es, wenn irgendetwas danebengeht. Ich bleibe eher ruhig, lasse die Dinge auf mich zukommen und mache aus jeder Situation das Beste. Mein Teamkamerad misstraut Neuerungen, weil sie seine geliebte Ordnung durcheinanderbringen. Dagegen sehe ich in jeder neuen Situation grundsätzlich die Chance, neue Erfahrungen zu machen. Beide Haltungen haben zwangsläufig Vor- und Nachteile.

Børge übernimmt spontan die Einteilung unseres Tagesablaufs. Geweckt wird um vier Uhr, anschließend wird das Eis fürs Frühstück aufgetaut. Wir wechseln uns dabei täglich ab. Der andere kann jeweils zehn Minuten länger schlafen. Børge legt die Zeitpläne und die Dauer unserer Mahlzeiten fest und entscheidet, wie lange wir jeden Tag laufen, welche Entfernungen wir zurücklegen und dass wir alle eineinhalb Stunden fünf bis zehn Minuten Pause machen. Und er bestimmt, wie viel Benzin wir jeden Tag verbrennen dürfen.

Schon am Anfang hat er den vielsagenden Satz gesagt: »Es gibt drei Arten, Dinge zu erledigen: die falsche, die richtige und meine.« Er hat es lächelnd verkündet. Aber ich habe den Verdacht, dass er es tief im Inneren ernst meint. Warum auch nicht? Er hat weitaus mehr Erfahrung als ich und kennt sich in den Polarregionen besser aus. Für mich ist er der »König der Arktis«. Und er ist der Anstoßgeber, der Motor dieser Expedition.

Die spontanen Entscheidungen trifft meist er. Und auch die strategischen. Dabei zieht er mich häufig zu Rate. Wenn er es nicht tut, nehme ich es ihm nicht übel. Er ist der Experte. Mit ihm am Ruder und mit mir als zweitem Mann ist unsere Expedition ziemlich gut aufgestellt.

Von Zeit zu Zeit – warum es verschweigen? – geraten wir auch aneinander. Wegen einer Kleinigkeit – oder sogar Nichtigkeiten. Zum Beispiel wegen des Wasserlassens. In der Nacht pinkeln wir in Flaschen, mit denen wir uns anschließend im Schlafsack die Füße aufwärmen. Wenn der Urin erkaltet ist, leeren wir die Flaschen draußen aus. Dann füllen wir sie erneut und so weiter. Weil wir viel trinken, wiederholen wir den Vorgang in der Nacht mehrfach: Wir wachen auf und können uns bei der Gelegenheit davon überzeugen, dass wir noch leben und unsere Füße nicht erfroren sind. Um seine »Bettflasche« zu leeren, muss Børge nur den Reißverschluss aufziehen und den Arm hinausstrecken. Ich muss aufstehen, den Reißverschluss an meinem Fußende herunterziehen, mich zum Ausleeren hinausbeugen und mich wieder hinlegen. Bei dieser unbequemen Aktion verliere ich ziemlich viel Wärme. Und das vier- oder fünfmal pro Nacht.

Unweit von meinem Kopf mündet der Windsack ein, der zur Belüftung unseres Zeltes dient. Irgendwann habe ich angefangen, ihn zu benutzen. An einem Morgen, als Børge Frühstücksdienst hat, entdeckt er, dass der Inhalt meiner Bettflasche das Zelt bespritzt hat – gerade an der Stelle, wo wir den Schnee für die warmen Getränke zum Frühstück einsammeln. Wir blaffen uns kurz an. Ich sage ihm, er solle den Schnee eben ein Stück entfernt einsammeln, aber er hat seine Gewohnheiten. Am Ende machen wir uns über den Hickhack lustig.

Von solchen Nebensächlichkeiten lassen wir uns unser Abenteuer nicht verderben. Das kommt überhaupt nicht infrage. Schließlich schreiben wir ein Stück Geschichte.

Kapitel Neun

Ich passe mein Tempo an

Gefängnisstrafen sind ihrem Härtegrad nach abgestuft: von einfacher Haft über Einzelhaft bis Dunkelhaft. Für den Menschen ist die Finsternis das Schlimmste. Sie wirft einen aus dem Gleis, geht durch Mark und Bein und kann in den Wahnsinn treiben. Diese Nacht ohne Ende, die zu unserem Abenteuer gehört, wird überall und von allen für das Schlimmste gehalten. Sie sorgt im besten Fall dafür, dass man seine Aufgaben nicht mehr einwandfrei erledigt, und löst schlimmstenfalls mörderische oder selbstzerstörerische Antriebe aus.

Auf einer Polarexpedition bedeutet Dunkelheit Ungewissheit. Sie belastet am meisten, weshalb man sie möglichst zu vergessen versucht.

Sie drückt schrecklich aufs Gemüt und verfolgt uns bis in den Schlaf mit dem depressiven Wunsch, nie wieder aufstehen zu wollen. Sobald wir die Nase aus dem Zelt stecken, überfällt uns die Dunkelheit wie ein Schock. Sie lähmt uns, behindert uns und zehrt an unseren Kräften, weil sie zu erhöhter Konzentration zwingt: Ständig strengen wir heftig unsere Augen an und horchen auf unsichtbare Gefahren. Sie stresst uns psychisch und macht uns beklommen.

Warum es nicht sagen: Sie jagt uns Angst ein. Trotzdem sind wir auch deshalb hier.

Die Dunkelheit umschließt uns wie eine Kerkerzelle zu jeder Tages- und Nachtzeit. Sie beginnt ganz dicht vor uns an genau der Stelle, an der sich der Schein unserer Stirnlampen verliert, dieser Kegel, der unseren »sicheren Bereich«, wie ich ihn nenne, erzeugt und abgrenzt. Unsere bekannte Welt. Dahinter gähnen Schlünde, die mit den unerforschten Regionen auf den Weltkarten des Mittelalters vergleichbar sind. Zumindest klaffen sie in unserer Seele als Abgründe auf. Wir wissen natürlich, dass sich hinter dem sichtbaren runden Fleck Packeis weiteres Eis ausdehnt und dass der Lichtkegel, der sich wie ein drittes Auge durch die Finsternis tastet, über eine Landschaft aus gefrorenem Wasser wandert. Aber das Mysteriöse bleibt. Denn auch wenn wir wissen, was uns erwartet, wissen wir – wie in einer Geisterbahn – noch lange nicht, wie und wo es zuschlägt.

Licht finde ich dagegen nur in mir selbst, aus der Zuversicht, die Professionalität, Erfahrung und sehr viel Willenskraft vermitteln. Das erhellt mein Gemüt, treibt mich an, hält mich in Schwung und gibt mir neuen Tatendrang – einfach den Antrieb, dieses Unternehmen zum Erfolg zu führen. Dieses Licht, das jeder in sich trägt, erhellt jede Dunkelheit auf der Erde. Es spendet Energie und Zuversicht, die beiden wesentlichen Voraussetzungen für jeden Erfolg.

Jeder Tag beginnt mit einer Erkundung der unmittelbaren Umgebung auf der Suche nach dem besten Weg für die weitere Route. Aber der zeigt sich im schwachen Schein unserer Stirnlampen nur stückweise und widerstrebend. Während wir Frühstücksflocken verdauen, laufen wir zunächst zwei oder zweieinhalb Stunden lang ohne Rast, um möglichst viele Kilometer hinter uns zu bringen.

Wir haben zu Beginn der Expedition abgemacht, dass bei unserem morgendlichen Lauf ich die Führung übernehme. Ich eröffne also unseren frühen Marsch an der Spitze als »Steuermann« oder Navigator des Teams. Børge erkennt an, dass ich mich in der Dunkelheit besser als er zurechtfinde. (Als es im Verlauf unserer Expedition etwas heller wird, wechseln wir uns in der morgendlichen Führung ab.)

Auch hier haben wir beide unseren eigenen Stil. Anders als Børge stütze ich mich selten auf das GPS-Gerät und nutze eher Hinweise aus der Natur wie den Verlauf der Schneewehen, denen der Wind eine bestimmte Ausrichtung gibt. Børge hat sich gewöhnlich im Sommer in den Polarregionen aufgehalten und ist also erfahren darin, sich am Sonnenstand zu orientieren, der eine einigermaßen genaue Bestimmung des Standorts ermöglicht. Wenn der Himmel klar ist, richte ich mich in der Polarnacht manchmal nach dem Mond oder den Sternen. Aber die rücken durch die Drehung der Erde um die eigene Achse pro Stunde um 15 Grad weiter, sodass sie sich nur schlecht zur Positionsbestimmung heranziehen lassen. Um sie als Kompass benutzen zu können, muss man seine Position bereits kennen. Wenn ich unseren Kurs festgelegt habe, suche ich zur Orientierung einen Stern heraus, auch wenn ich weiß, dass er eine Stunde später ein Stück weit nach Osten abgewandert sein wird. Sein immer größerer Abstand zur Achse unserer Fortbewegung muss natürlich immer mit berücksichtigt werden.

Wenn uns allerdings Hindernisse zu einem Zickzack-kurs zwingen, versagt die Orientierung am Sternenhim-mel. Dann halte ich mich stets an die Schneewehen und ihre Schleppen, deren Ausrichtung exakt der Windrich-tung entspricht, die der Wetterbericht angegeben hat. Allerdings muss man die Richtung auch dann sicher er-kennen können, wenn der Wind dreht. Auf die langen Bänder an den Griffen unserer Skistöcke, die wie Fähn-chen im Wind flattern, kann man sich nicht zu hundert Prozent verlassen. Auch hier gibt mir der verwehte Schnee eine bessere Auskunft. Er liegt dicker an der Seite, wo der Wind ihn aufgehäuft, und dünner, wo er ihn aus-gestrichen hat. An manchen Stellen ist er zusammen-gedrückt worden und an andren pulvrig niedergerieselt. Ich kann den Schnee so gut »lesen« wie eine Verkehrs-beschilderung.

Manchmal ruft Børge hinter mir: »Bist du sicher, dass du noch in die richtige Richtung läufst?« Ich bin mir so sicher, dass ich meist gar nicht antworte. Ich weiß instink-tiv immer, in welcher Richtung genau der Nordpol liegt. Børge versteht die Botschaft und nimmt es mir nicht übel. Manchmal sage ich ihm, er könne es ja mit seinem GPS-Gerät nachprüfen.

Und wenn er es tut, stellt sich fast immer heraus, dass ich recht habe. Gelegentlich bin ich ganze vier oder fünf Grad abgewichen und korrigiere meinen Kurs sofort. Über die Tage hinweg verrate ich ihm einige Tricks, auf die ich in meiner langen Zeit in der Polarnacht gekommen bin. Die Orientierung bei Dunkelheit ist wohl das Einzige, wo ich ihm – in aller Bescheidenheit – noch etwas beibringen kann.

Wenn er die Führung hat, dreht er sich gelegentlich zu mir um und bedeutet mir so, dass er nicht ganz sicher ist, ob die Richtung noch stimmt. Ich schaue auf mein GPS-Gerät und korrigiere gegebenenfalls den Kurs. Aber Børge setzt meine Hinweise ständig besser um und bekommt für die Richtung ein so hervorragendes Gespür, dass er uns immer öfter auf einem präzisen Kurs nach Norden führt. Wenn mein GPS-Gerät anzeigt, dass er absolut richtig liegt, schreie ich ihm begeistert einen Glückwunsch hinterher. Anstatt sich umzudrehen, hebt er als Antwort nur seinen Skistock an. Auch wenn ich sein Gesicht nicht sehe, kann ich mir seine Miene gut vorstellen.

Augenblicke wie diese sind kleine Triumphe. Sie schweißen unser Team zusammen und stärken es. Und ich glaube, dass sie uns auch in menschlicher Hinsicht näherbringen. Als Børge anerkennt, dass nicht nur ich viel von ihm, sondern auch er etwas von mir lernen kann, schlägt sich das sofort in Gefühlen gegenseitiger Bewunderung nieder. Unabhängig von unseren künftigen Plänen werden wir ab jetzt immer wissen, was wir vom anderen gelernt haben und ihm verdanken.

Die Führung zu haben kostet besonders viel Kraft. Die genaue Richtung ermitteln, den richtigen Kurs einschlagen und ihn halten, die geeignete Piste finden, den Weg bahnen und gefährlich dünnes Eis meiden – es gibt viele Aufgaben, die alle ständig höchste Konzentration erfordern und bei denen man sich nie ablenken lassen darf. Dagegen muss sich derjenige, der dem *leader* folgt, nur darum kümmern, dass er sich nicht abhängen lässt. Für mich ist das wie Urlaub. Ich kann mich entspannen, Abstand gewinnen und an etwas anderes denken, wobei ich in diesen Momenten meist bei meiner Familie bin. Je nach der Ortszeit in der Schweiz stelle ich mir vor, wie Cathy die Mädchen zur Schule fährt, das Abendessen kocht oder im Büro in Château-d'Œx E-Mails beantwortet …

Bevor dann Børge für eine Stunde und fünfzehn oder zwanzig Minuten die Führung übernimmt, machen wir die erste Rast des Tages. Für ganze fünf Minuten. Auf unseren Schlitten sitzend, nehmen wir ein paar Schluck aus unseren Thermosflaschen und gönnen uns einige Happen einer Zwischenmahlzeit. Børge hat seine dicke rote Daunenweste übergezogen, die direkt unter der Plane griffbereit in seinem Schlitten liegt. So verhindert er, dass er während der Rast, wenn wir uns nicht bewegen, Wärme und Energie verliert. Ich schlinge meinen Snack eilig hinunter, damit wir gleich wieder starten können. Als ich allein unterwegs war, gehörten diese fünf Minuten Rast nicht zu meinem Tagesablauf. An sie muss ich mich erst noch gewöhnen.

In den letzten 24 Stunden ist die Temperatur stark gefallen. Der Wind bläst jetzt so heftig, dass wir praktisch nicht mehr gegen ihn ankommen. Der Sturm, der über die Region hinwegfegt, wird nach dem Wetterbericht frühestens in 24 Stunden abflauen.

Am Ende eines der schlimmsten Tage seit unserem Start geben wir uns vorläufig geschlagen. Es ist besser, im schützenden Zelt das Ende des Sturms abzuwarten.

Allerdings können wir auch nicht zu lange zuwarten. Bei dieser Kälte drohen uns Erfrierungen – mir an den Fingern und Børge an den Füßen. Wir müssen uns unbedingt bewegen. Und wenn wir dabei auch nur so weit vorankommen, dass wir die Abdrift des Eises nach Süden ausgleichen. Wenn wir in diesem Tempo weiter abtreiben, landen wir wieder am Kap Artichesky!

24 Stunden später deutet nichts auf eine Wetterbesserung hin. Im Gegenteil. Wir sind im Zentrum eines sogenannten Polarzyklons, der in Richtung Laptew-See abzieht. Und das treibende Eis befördert uns zurück in Richtung unseres Ausgangspunktes.

Wir arbeiten uns mühsam voran und bleiben beinahe im knietiefen Schnee stecken. Ein schneidender Wind pfeift uns um die Ohren. Wir spüren die beißende Kälte ständig im Gesicht. Felder aus großen Eisblöcken wechseln mit ausgedehnten Flächen offenen Wassers ab. Fünfmal müssen wir in die Fluten steigen. Nach zehn Stunden Lauf sind wir nur zehn Kilometer vorangekommen.

Einzig positiv ist, dass das Eis offenbar dicker wird. Dem Wetterbericht nach lässt eine Besserung allerdings noch immer auf sich warten. Offenbar ist es am vernünftigsten, wenn wir weiter in Richtung Nordost laufen und so die zahlreichen Flächen mit offenem Wasser umgehen, die auf den Satellitenaufnahmen zu erkennen sind.

Trotz allem sind wir in Form. Aber es würde uns noch besser gehen, wenn sich der Wind entschließen könnte, aus einer anderen Richtung zu blasen.

Tatsächlich dreht er ein wenig und weht jetzt aus Westen. Da damit unsere Abdrift nach Süden gestoppt ist, kommen wir volle 17 Kilometer voran. Die Temperatur sinkt noch tiefer, aber unser Stimmungsbarometer steigt.

Schon am nächsten Morgen fällt es wieder: Es ist noch eisiger geworden, und der Sturm wütet heftiger denn je. Wir sind einer Meinung: Wir bleiben im Zelt und gönnen uns einen Tag Ruhe. Den haben wir uns redlich verdient. Zu unserem Ärger transportiert uns das Förderband unter unseren Füßen während dieser Zeit wieder in die falsche Richtung.

Die eisigen Schneeböen jagen noch immer von Norden heran. Wenn sie uns mit ihren − 35 °C von der Seite her erwischen, sind sie dank unserer hervorragenden Ausrüstung gerade noch erträglich. Aber wenn wir sie von vorn abbekommen, fühlt es sich an, als würden sie uns die Haut verbrennen. Wir riskieren nicht nur Erfrierungen. Diese Schmerzen auszuhalten ist äußerst kräftezehrend.

Nach fünf Stunden Marsch suchen wir Zuflucht in unserem Zelt. Hätten wir noch länger gewartet, hätten wir jetzt die ersten Frostbeulen im Gesicht. Bei meinen Fingern ist es fünf nach zwölf. Sie zeigen erste Anzeichen von Erfrierungen. Sie sind von den langen Stunden, in denen wir durch den Schnee geeilt sind, noch immer ganz taub. Erst jetzt, an der wärmenden Flamme des Kochers, kehrt mit der besseren Durchblutung die Empfindung zurück: Und dieses Gefühl, das ich nur zu gut kenne: Es ist, als hätte jemand einen Meißel auf die Fingerspitzen gesetzt und würde auf ihm herumhämmern. Das tut mehr als sehr weh. In Wahrheit lassen sich diese Schmerzen kaum in Worte fassen.

Wenigstens sind die Finger nicht dauerhaft geschädigt. Noch nicht. Aber die schwarzen Verfärbungen an der Spitze des Daumens, Zeige- und Mittelfingers beschwören bei mir Erinnerungen an einen Horror herauf. Ich muss sie im Auge behalten und unbedingt verhindern, dass es schlimmer wird. Fürs Erste müsste es ein Cocktail aus Antibiotika und gefäßerweiternden Mitteln tun. Auf keinen Fall will ich, dass mein Eroberungsmarsch zum Nordpol ein zweites Mal an erfrorenen Fingern scheitert.

Als wir uns an diesem Tag auf den Weg gemacht hatten, trennten uns noch 897 Kilometer vom Pol. Jetzt zeigt das GPS-Gerät eine Entfernung von 896 Kilometern an! Wir rechnen schnell nach: Wir sind mit einer Geschwindigkeit von 1,5 Kilometern pro Stunde nach Süden abgetrieben und so in fünf Stunden alles in allem gerade einmal *einen* Kilometer vorangekommen.

Das ist bitter.

Seit einer Woche treten wir fast nur noch auf der Stelle. Børge und ich müssen uns nicht erst absprechen, um zu wissen, was der andere denkt: Unser Proviant reicht für zwei Monate, also für genug Zeit, um unser Ziel zu erreichen, wenn wir unser durchschnittliches Tempo halten. Bummeln oder große Umwege machen können wir uns nicht leisten. Wir sind uns im Klaren darüber: Wenn wir weiter so stark wie bisher nach Süden abtreiben, gehen uns die Vorräte aus, bevor wir den Nordpol erreichen. Und ebenso das Benzin für den Kocher. Wir kommen überein, beides zu rationieren.

In den ersten Tagen der Expedition haben wir, wie

üblich, weniger gegessen, weil wir von den Strapazen noch nicht ausgehungert waren. Dann haben wir unseren Verbrauch schrittweise auf das augenblickliche Maß von ungefähr siebentausend Kilokalorien pro Tag gesteigert. Und ab jetzt werden wir ihn wieder auf fünftausend Kilokalorien herunterfahren. Das bedeutet, dass wir schwächer und schneller erschöpft sein werden und stärker unter der Kälte zu leiden haben. In dieser feindlichen Umgebung kann das den Unterschied zwischen Überleben und Sterben ausmachen.

Aber dies ist jetzt unsere einzige Chance, den Pol zu erreichen.

Jeder Tag beginnt mit dem gleichen Geräusch: dem Piepsen des Weckers, den Børge sonst in seinem Haus in Norwegen auf dem Nachttisch stehen hat. Er wirkt verglichen mit unserer Hightech-Ausrüstung geradezu wie ein Holzspielzeug. Und sein klagendes Lied klingt leicht gedämpft, weil Børge ihn unter seinem Parka aufbewahrt.

Das Piepsen ist das erste Geräusch, das ich nach meinen täglichen fünf Stunden Schlaf höre. Das zweite folgt einige Sekunden später: »*Time*«, verkündet Børge. Ich überprüfe es pro forma mit einem Blick auf meine Armbanduhr, aber die Zeit stimmt immer auf die Sekunde.

Nach diesem »*Time*«, das Børge mit ernster und feierlicher Stimme verkündet, fällt mir sofort ein, dass ich an der Reihe bin, das Frühstück zu machen. Ich schlüpfe aus meinem Schlafsack wie ein Falter aus seinem Seidenkokon: Er hat keinen seitlichen Reißverschluss und schließt nur mit einer Kordel am Hals, sodass ich ihn in Richtung Zeltende abstreifen muss.

Wir haben uns angewöhnt, in der »Vorhalle« zu kochen und so gleichzeitig etwas zu heizen, sofern es unsere Benzinvorräte zulassen. Zuvor müssen wir aber die dicke Schicht Raureif wegkratzen, die sich über Nacht – aus unseren Ausdünstungen – an der Innenwand des Zeltes gebildet hat. Andernfalls würden diese Eiskristalle in der Wärme des »Ofens« abtauen und unseren Schlafsack, unsere Kleider usw. durchfeuchten. Und die Feuchtigkeit würde draußen sofort wieder gefrieren. Bevor wir unseren Kocher anwerfen können, muss der Stoff folglich vollständig entfeuchtet sein. Wir machen uns beide ans Werk. Ich kratze den Reif mit dem Deckel unserer Kasserolle ab.

Das Kunststofffutter meines Schlafsacks, das als Dampfsperre wirkt, trockne ich mithilfe einer »Kaltwäsche«, wie ich es nenne: Ich ziehe es aus dem Schlafsack und drehe das Innere nach außen. Sobald die Feuchtigkeit gefroren ist – das geschieht sofort –, bürste ich sie ab.

Wer Frühstücksdienst hat, säubert das Zelt, schmilzt Eis oder Schnee, holt die Thermosflaschen heraus und füllt sie mit kochendem Wasser auf. So kann sich jeder seinen energiespendenden heißen Drink für den Tag mischen. Børge bereitet sich ein Schokoladengetränk zu, von dem er bis zum Abend zwei Liter trinkt. Ich setze auf »Nutrogéna«, ein Produkt, das mir die Nutrition-Sparte von Nestlé mit auf die Reise gegeben hat. In einem Liter Wasser aufgelöst, spendet eine Packung so viele Kalorien wie eine Vollmahlzeit. Und es schmeckt auch noch gut. Ich trinke täglich einen Liter davon.

Und wir müssen unsere Thermosflaschen auch leer trinken: Obwohl zunächst kochend heiß, erstarrt unser Getränk spätestens nach zwölf Stunden zu Eis.

Børge isst sein Frühstück – hauptsächlich Getreideflocken – in der gleichen Haltung wie sein Abendessen: aufrecht sitzend im Schlafsack mit heruntergezogener Kapuze und der Stirnlampe am Kopf. Der Platz reicht nicht aus, dass ich mein Frühstück in der gleichen Haltung einnehmen könnte. Folglich hocke ich Børge gegenüber auf meinem zusammengeknüllten Schlafsack. Als ich allein unterwegs war, frühstückte ich auch »im Bett«. Ich komme Børge auch hier entgegen, weil es mich wenig kostet. Im Gegenzug nehme ich – so das Benzin reicht – den Kocher als provisorische Heizung zwischen die Beine. Dann reiche ich ihn Børge, damit er an der Flamme das Futter seines Schlafsacks trocknen kann. (Im Gegensatz zu mir als dem Verfechter der »Kaltwäsche« vertritt er die Wärmemethode.) Meines liegt zusammengeknüllt in einer Ecke des Zeltes. Wenn Børge fertig ist, nehme ich den Kocher wieder an mich und entferne die restliche Feuchtigkeit aus meinem Futter.

Diese feste Routine wird nur selten von einem Zwischenfall gestört: Eines Morgens jedoch, als Børge seinen Porridge erhitzt, stößt er versehentlich den Topf mit dem Fuß um. Der heiße Brei ergießt sich sofort über seinen Schlafsack und die Bodenmatte. Statt seinen unverzichtbaren Brennstoff für den Tag abzuschreiben, löffelt Børge sofort alles vom Zeltboden auf!

Bis er sauber ist.

Zehn bis zwölf Stunden laufen wir täglich in einem Abstand von wenigen Dutzend Metern hintereinander her, fast ohne ein Wort zu wechseln. Wenn ich die Führung habe und wir schwieriges Terrain durchqueren, hält sich mein Teamgefährte manchmal an der Schnur fest, die zu diesem Zweck hinten an meinem Schlitten hängt. Dann stemme ich mich mit meinen Skiern so ins Eis, dass sie blockieren und er einen festen Haltepunkt hat, damit er nicht nach hinten rutscht und seine Robbenfelle schont.

Auch Børge zieht eine Schnur hinter sich her, die ich aber wegen meiner erfrorenen Finger nur schlecht zum Festhalten nutzen kann. Wenn Børge die Führung übernimmt, verschwindet er bald ganz in der Dunkelheit, bis auf das kleine Licht an seiner Stirn. Da ich weder sein Gesicht noch seine Augen sehe, weiß ich von seiner Stimmung genauso wenig wie er von meiner. Und wir können auch keine wertvollen Kräfte damit verschwenden, uns mit Schreien und Rufen zu verständigen, die doch nur im Heulen des Windes untergehen würden. So gibt uns dieses kleine Licht am Kopf des anderen die Kraft, weiter und immer weiter zu laufen. Wohl deshalb dreht sich der Vordere in regelmäßigen Abständen unwillkürlich nach dem Hinteren um und hält Ausschau nach dem kleinen und einzigen Fanal, das in der Finsternis leuchtet. Nur ein Blizzard kann es zum Verschwinden bringen. Dann ist es auch aus zwei Metern Entfernung nicht mehr zu sehen.

Wenn ich so dicht auf Børge aufschließe, dass ihn meine Stirnlampe ins Licht taucht, erkenne ich deutlich seine 44er Magnum, die er im Halfter ständig hinten an seinem Geschirr trägt. Als ich allein in der Arktis unterwegs war, hatte ich meist ebenfalls eine Waffe dabei. Aber sie lag bei der Ausrüstung unten im Schlitten. Børge will seine dagegen immer unbedingt griffbereit bei sich haben. Er hat so

Nach meiner Solo-Tour entlang dem Nordpolarkreis beschließe ich mit Børge Ousland, den Nordpol bei Nacht zu erreichen: eintausend Kilometer ohne Hilfe von außen, ohne Proviantnachschub und ohne Licht …

Unterwegs, um den Nordpol zu erobern

Am 21. Januar 2006 hat uns der Hubschrauber am Kap Artichesky im äußersten Norden Sibiriens abgesetzt.

Børge Ousland und ich sind bereit, den Gefahren der Polarnacht zu trotzen. Für uns beide wird dies das gefährlichste Abenteuer unserer »Laufbahn«.

Meine Skier, Unikate, auf denen sich meine Töchter verewigt
haben. Auf diese Art nehmen sie an der Expedition teil. Und ich
nehme etwas von ihnen mit ins Packeis.

Mein Freund Børge,
den ich den »König
der Arktis« nenne.
An dem vereisten
Seil hängen unsere
Schlitten und
unsere gesamte
überlebenswichtige
Ausrüstung.

Im Wasser

Kaum sind wir gestartet, treffe
wir auf die ersten »offenen« oder »freier
Wasserflächen. Furchterregende Abgründ
die wir durchschwimmen müsse

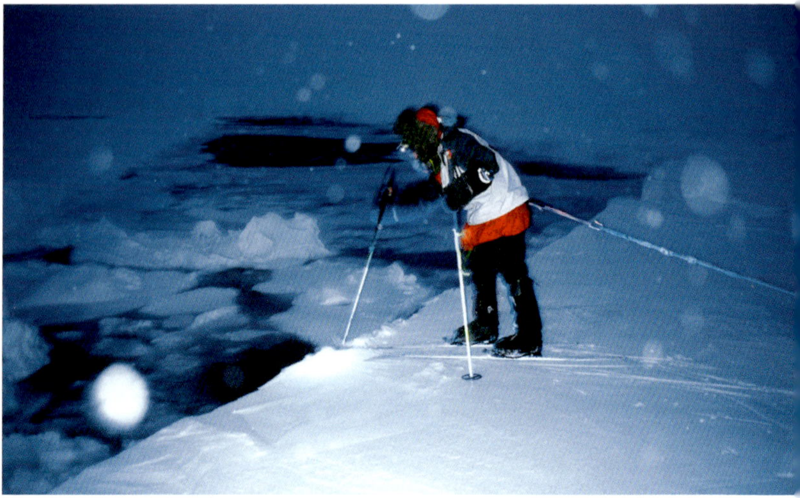

Im finsteren Wasser des Polarmeers, das 3° C kalt und vier- bis fünftausend Meter tief ist, überleben wir nur dank unserer wasserdichten Anzüge.

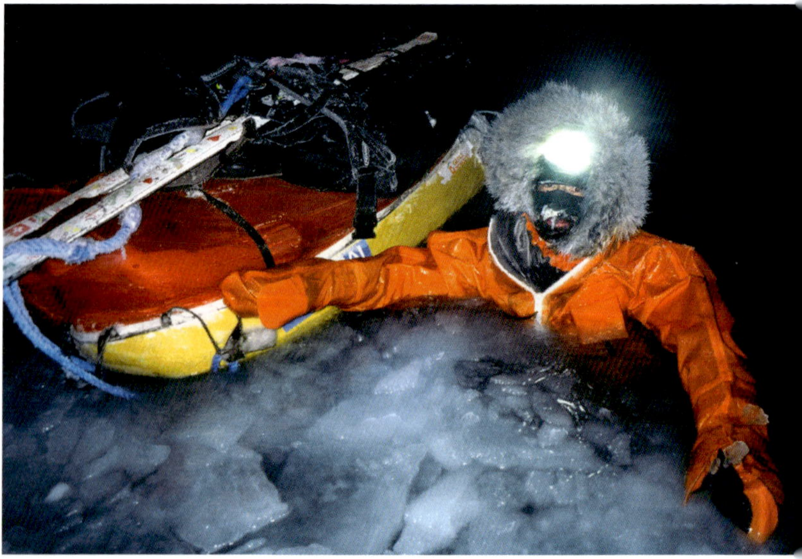

An diesem Tag steigen wir – Børge voran – zum fünften Mal ins eisige Wasser. Bei vollständiger Dunkelheit haben wir keine Vorstellung davon, wie weit es bis zum gegenüberliegenden Eis ist. Schon nach zwanzig Minuten im Wasser droht uns trotz der Anzüge eine tödliche Unterkühlung.

Wir kommen am anderen »Ufer« an, eine Suppe aus Eis, die unter unseren Händen nachgibt. Nachdem Børge auf der anderen Seite festes Eis gefunden hat, muss er seine hundert Kilogramm schwere Ladung herausziehen.

Im halb vereisten und halb geschmolzenen Schnee bewegen wir uns kriechend voran. Wir kämpfen uns Meter um Meter weiter. Das Eis ist so brüchig, dass wir darin versinken. Zum Glück tragen wir unsere Anzüge.

Im Zelt

Nach über zehn Stunden Wegstrecke beschließen wir den Tag in unserem Zelt Jetzt müssen wir lernen, auf zwei Quadratmetern zusammenzuleben. Zudem gilt es bereits, die ersten Reparaturen an unserer Ausrüstung vorzunehmen.

Egal wie spät es ist und wie müde wir sind – wir versuchen immer, den Freunden Nachrichten von uns zu übermitteln. Wenn es zu kalt wird, geht leide nichts mehr.

Hindernisse überwinden

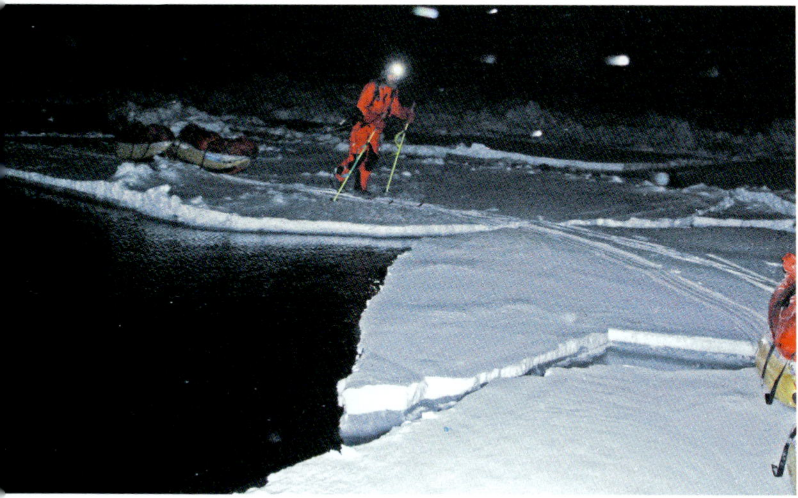

isblöcke, die sich uns in den Weg stellen, umgehen wir und versuchen dabei, otzdem Kurs zu halten. Aber meist laufen wir über ein gewaltiges Mosaik us Eisschollen, die wie die Scherben einer riesigen Glasplatte wirken.

Vir springen zwischen Eisblöcken umher, ohne uns die Zeit zu nehmen, unsere ebensrettenden Anzüge anzuziehen. Als sich plötzlich das Eis unter meinen kiern öffnet, tauche ich bis zur Hüfte ins Wasser ein. Ich muss mich möglichst chnell abtrocknen, sonst gefrieren mir die Kleider am Leib.

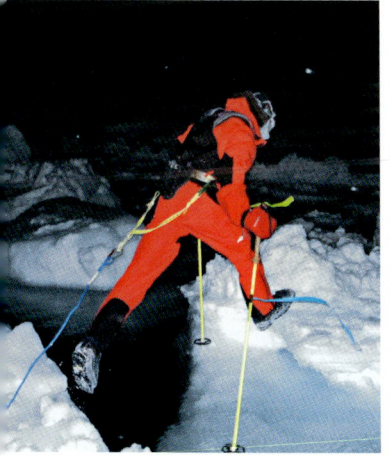

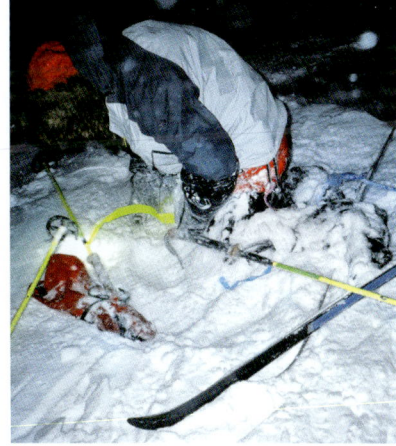

Die Kälte besiegen

In knapp 24 Stunden ist die Temperatur gefallen, und der Wind stürmt mit solcher Kraft, dass wir kaum gegen ihn ankommen. Nach dem Wetterbericht wird der Sturm in diesem Gebiet erst in ein oder zwei Tagen wieder abflauen.

Zwei Wochen nach Beginn der Expedition habe ich schon eine Erfrierung an der Nase, weil ich mich nachts nicht ausreichend geschützt habe. Jetzt wird sie schwarz und brennt höllisch.

Mit einer isolierenden Schneepackung versuche ich meine schmerzende Nase vor der eisigen Luft zu schützen

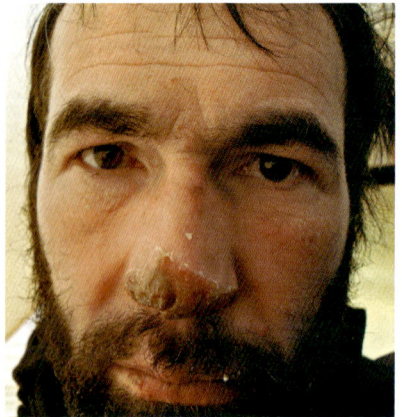

Auch Børge bleibt nicht verschont: Sein Gesicht wird vom Frost angegriffen, und die Erfrierungen an seinen Füßen werden zur Qual.

Ich bin in einem erbärmlichen Zustand! Die Erfrierungen an meinen Fingern haben sich infiziert. Der Schmerz ist unerträglich – ganz zu schweigen von meiner Nase und meinem Kinn …

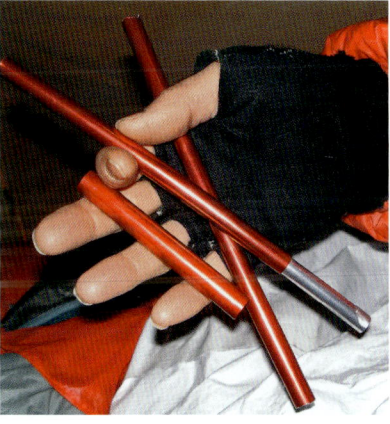

Selbst die Ausrüstung leidet unter der unsäglichen Kälte. An diesem Morgen ist ein Bogen des Aluminiumgestänges unseres Zeltes zerbrochen.

Im Bärenland

Ein Polarbär hat unsere Route gekreuzt. Seine Spuren sind bereits teilweise mi
Schnee gefüllt.

Im Jagdrevier der Polarbären: Um diese Jahreszeit sind die großen Räuber
hungriger denn je und immer auf der Suche nach Beute. Leuchtraketen sind
unsere wirksamste Waffe gegen die unliebsamen Besucher.

Dieser prachtvolle, einsame Polarbär folgte uns ganze zwei Tage.

Hier nähert sich uns ein Muttertier mit zwei Jungen … Bei der geringen Entfernung muss man damit rechnen, dass sich das Weibchen auf uns stürzt, sobald es irgendeine Gefahr für seinen Nachwuchs wittert.

Es wird Tag

Hinter unserem Rücken geht die Sonne auf – wir nähern uns also unserem Ziel.

Noch ist es nicht die Sonne, sondern eine Spiegelung ihres Lichts, ähnlich einer Fata Morgana in der Wüste.

Was man fühlt, wenn man nach zwei Monaten Dunkelheit hinter dem Horizont die Sonne erahnt, lässt sich kaum ausdrücken. Die irrealen Farben dieses Schauspiels sind unvorstellbar schön.

Ein aufgeworfener Eiskamm:
Zum Glück versteht sich Børge wie
kein anderer darauf, uns hier heraus-
zuführen.

Die Expedition geht zu Ende.
Erschöpft und abgemagert sehen
Børge und ich wie zwei lebende
Leichen aus.

Geschafft!

Wir sind nur noch ein gutes Dutzend Kilometer vom Pol entfernt. Wie Astronauten im Raumanzug laufen wir einem glanzvollen Sieg oder einem stillen Ende entgegen.

100 Meter … 50 … 13 … 5 … 1 … Angekommen! Endlich stehen wir am nördlichsten Punkt der Erde – am vorgesehenen Tag, dem 23. März 2006.

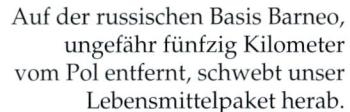

Børge gleicht einem Achtzigjährigen. Ich sähe aus wie neunzig, hält er mir entgegen. Egal – wir schwelgen im Glück.

Auf der russischen Basis Barneo, ungefähr fünfzig Kilometer vom Pol entfernt, schwebt unser Lebensmittelpaket herab.

Nachdem wir über 48 Stunden gewartet und unsere letzten Lebensmittelreserven aufgezehrt haben, trifft endlich der russische Hubschrauber ein.

Zwei Partner, zwei Freunde ... und jetzt zwei Brüder. Das ist wahrscheinlich unser schönster Sieg – bis zur nächsten Expedition?

große Angst vor den Bären, dass er sich nur sicher fühlt, wenn er beim ersten Alarm den Revolver zücken kann. Ich teile diesen Verfolgungswahn nicht, respektiere ihn aber.

Wenn wir abends essen, sind wir nicht viel gesprächiger. Tatsächlich sind wir völlig erschlagen und schlafen fast mit dem Löffel in der Hand ein. Was hätten wir uns auch zu sagen? Dass es kalt ist? Dass wir zurücktreiben, statt voranzukommen? Dass wir in der Scheiße sitzen? Das wissen wir beide auch so. Umso mehr unterhalten wir uns lebhaft mit Blicken beim Frühstück und Abendessen, während der Rastzeiten sowie beim Auf- und Abbauen des Zeltes. Wir müssen nicht lange reden, um uns zu verständigen, uns kennenzulernen und zu wissen, dass der andere seine Aufgabe erfüllen kann. Ab einem gewissen Punkt braucht das Vertrauen keine Worte mehr. Außer diesem einen: »*Time*...«

Es ist praktisch das Einzige, das Børge sagt. Dafür sagt er es häufig: »*Time*«, wenn wir zum Essen anhalten, »*Time*«, wenn wir rasten.

Børge hat einen eigenen Rhythmus, der an das dumpfe Rattern aus einem Maschinenraum erinnert und den wir den »schweren Schritt des Marschs zum Pol« nennen. Es ist wie der langsame, kräftige Herzschlag des Sporttauchers oder Marathonläufers, ein kraftvoller Motor mit einem Geschwindigkeitsregler, den offenbar nichts aus dem Takt bringt. Bum, bum, bum ... Trommeln aus den Tiefen des Dschungels. Oder Ruderschläge auf einer Galeere.

Dieser Rhythmus, der in 15 Jahren des Laufens über polares Eis seine Regelmäßigkeit und Stetigkeit erhalten hat, ist leider nicht meiner. Es ist ein wunderschöner Schuh, aber mir passt er nicht. Ich bin meist etwas schneller als Børge.

Wenn es uns zu warm oder zu kalt wird, ziehen wir Kleidung an oder aus – oder ich ziehe den Reißverschluss an meiner Schulter auf und gebe Wärme über den »Kamin« ab. Aber lieber reguliere ich meine Körpertemperatur mit einer Veränderung des Marschtempos: Ich laufe schneller, um mich aufzuwärmen, und langsamer, wenn es zu warm wird.

Eines Abends im Zelt spricht Børge das Problem an: »Mike, du musst dich etwas bremsen.« Ohne dass ich es bemerkt habe, hat er offenbar Mühe nachzukommen, wenn ich an der Spitze marschiere. Ich habe ihn einmal sogar unwillentlich abgehängt. Als ich mich umdrehte und das Licht seiner Stirnlampe verschwunden war, packte mich die Panik. Aber nach einigen Sekunden tauchte es wieder auf. Er hat also recht. Wir müssen unser Tempo aufeinander abstimmen und im gleichen Takt laufen.

Bei der nächsten Gelegenheit versuche ich mich zu bremsen, damit wir im gleichen Takt marschieren. Von da an laufen wir im gleichen Tempo. Manchmal geht der Tatendrang mit mir durch, und ich werde, ohne es selbst zu bemerken, schneller. Børge ruft mich gleich zur Ordnung. Ich besinne mich, und weiter geht's.

Dieses Bemühen, das richtige Tempo zu halten, ist mir zunächst lästig. Auf meinen bisherigen Expeditionen musste ich noch nie auf meine Geschwindigkeit achten.

Aber wie ich bald feststelle, lenkt mich diese Anpassungsleistung auf positive Weise ab. Sie verhindert, dass ich mich in Ängste hineinsteigere, und lässt zudem die Zeit schneller vergehen. Außerdem werde ich ständig daran erinnert, dass ich nicht allein bin: Jemand ist bei mir. Das ist tröstlich.

Børge ist es auch, der jeden Abend entscheidet, wo wir unser Lager aufschlagen. Ich weiß, dass ich mich auf sein Urteil verlassen kann: Wir zelten immer mit ausreichendem Abstand von einer Kollisionszone und von offenem Wasser, wo die Bären – vor allem Robben – jagen gehen. Ebenso meiden wir die Löcher, die die Robben zum Luftholen ins Eis gestoßen haben. An ihnen lauern die Bären, um sie mit einem Tatzenhieb aufzuschlitzen.

Børge weiß, was er tut. Ich muss mich nicht einmischen.

Die Finsternis bedeutet eine ständige Ungewissheit, aber sie bringt Børge und mich einander auch näher. Wir bleiben wie zwei Zwangsarbeiter, zwei Schiffbrüchige im Frost, möglichst nahe beieinander, um eine illusorische Sicherheit vor äußeren Gefahren zu spüren.

Trotzdem behauptet jeder seinen Platz. Vor allem im Zelt hüten wir uns davor, dem anderen zu dicht ins Gehege zu kommen. Diese Barriere und unsere Zurückhaltung verschwinden nur im Schlaf. Wenn wir mitten in der Nacht aufwachen und spüren, dass wir Wange an Wange liegen, schlagen wir die Augen auf und ziehen uns reflexartig auf unser Territorium zurück. So verhalten sich die Tiere – und zivilisierte Menschen.

Wir sind inzwischen eine Mischung aus beidem.

Kapitel zehn

Beißende Kälte

Und so verläuft unsere Polarnacht: lange Zwangsmärsche durch einen Schutt aus Eis, gefolgt von endlosen Kämpfen gegen Berge aus Packeis, die uns den Weg versperren, von Kletterpartien entlang der engen Korridore, die durch die aufgeschobenen Grate an den Kollisionszonen führen, und dann auch wieder einfache Langläufe über Autobahnen aus Schnee. Zuweilen bleiben wir an unerbittlichen Mauern aus Eis stecken. Manchmal gebärden sich die Schlitten wie störrische Packesel, rucken und bleiben an jeder kleinen Eisspalte hängen. Und dann schneidet uns nach dem stundenlangen kräftezehrenden Kampf eine weite schwarze Wasserfläche hämisch den Weiterweg ab. Der einzige Farbfleck in dieser Palette aus Grau ist der rote Parka des anderen, dessen Stirnlampe oft fern in der Dunkelheit tanzt und so den Weg weist. Wir versuchen die beißende Kälte, die uns im Gesicht brennt, und die ständigen Schmerzen – ich an den Fingern und Børge an den Füßen – zu vergessen. Wenn meine Gedanken sich einen Winkel der Geborgenheit und Wärme suchen und zu »ihr« schweifen, werden wir brutal in eine Realität zurückgestoßen, welche die kleinste Unaufmerksamkeit hart bestraft. Der Wind pfeift unaufhörlich und ohrenbetäubend und treibt einen fast in den Wahnsinn. Riesige Eisblöcke zerbersten wie Eiswaffeln mit dem Krachen von Silvesterböllern. Wir versuchen instinktiv auszumachen, aus welcher Richtung das matte Zirpen des Eises kommt – voller Angst, dass es direkt unter unseren Füßen knackt. Wenn uns nachts ein Krachen aus dem Schlaf reißt, geht es uns wie ein Stromstoß durchs Rückenmark. Auch wenn wir die Tiere in der Dunkelheit nicht sehen, sind sie doch da: Das zeigen die Spuren von Bären oder Füchsen, die von Zeit zu Zeit unseren Weg kreuzen.

Und inmitten von allem regt sich dieser andere, von dem man nicht mehr weiß, ob er die Hälfte von einem selbst oder ein Widerschein ist. Der andere, dieser Freund, dieser Bruder und dieser Unbekannte, hält dein Leben in den Händen.

Letzte Nacht sind wir nur noch einen Kilometer weiter nach Süden abgetrieben worden. Und anscheinend dreht der Wind. Dieser 10. Februar ist so hart wie alle Tage. Aber wir kommen voran, obwohl wir gegen Tiefschnee ankämpfen müssen und auf gigantische kompakte Eismassen stoßen. Als der Wind abflaut, haben wir den Eindruck, nach Nordosten abzutreiben. Sehr gut. Das ist unsere Richtung.

Ist es eine Illusion? Lässt das Bedürfnis, wieder den Tag zu sehen, vor unserem umnachteten Geist eine Fata Morgana erstehen? Jedenfalls ist die Nacht plötzlich weniger schwarz. Wir sehen den Mond und die Sterne. Trotzdem müssen wir mit unseren Stirnlampen weiterhin das unebene Gelände ausleuchten.

Der Himmel ist frei, aber es herrscht ein noch strengerer Frost mit einer Temperatur von – 35 °C. Meine drei Finger, die 2002 bleibende Frostschäden abbekommen haben und in denen das Blut schlecht zirkuliert, schmerzen heftig. Was immer ich tue, ich kann sie nicht richtig warm halten.

Wenigstens habe ich gelernt, mit den Schmerzen umzugehen. Ich schätze sie sogar: Solange die Finger noch wehtun, sind sie noch am Leben. Und auch meine Nase lebt noch, wenn ich dem Brennen glauben darf, das ich ständig spüre. Ich bin selbst schuld: Meine Nasenspitze ist seit *Arktos* genauso gefährdet wie meine Finger. Aber dass sie jetzt schmerzt, hat mehr mit meiner Nachlässigkeit als mit dem klirrenden Frost zu tun.

Ich habe es tatsächlich geschafft, mir im Schlaf eine Erfrierung an der Nase zu holen! Anders als Børge, der mit der Vollmaske mit einem Filter aus Kunststoff schläft, der die Atemluft vorwärmt, musste ich die Nacht unbedingt mit bloßem Gesicht verbringen. Ergebnis: Knapp zwei Wochen nach Beginn unserer Expedition ist meine Nase erfroren. So habe ich mir unnötigerweise ein zusätzliches Handikap eingebrockt. Damit sie weniger schmerzt, bringe ich regelmäßig eine Handvoll Schnee auf. Die wirkt als Isolationsschicht gegen die klirrende Kälte.

Zu allem Überfluss habe ich auch noch eine Frostbeule am Kinn. Sie ist unter dem Bart kaum sichtbar, schmerzt aber nicht weniger. Und erst meine Knie und Schienbeine: Ich bin so lange auf allen vieren auf dem harten Eisboden im Zelt herumgekrochen, bis ich mir offene Wunden geholt habe. Und die greift jetzt der Frost an.

Noch eine Fata Morgana? Diesmal eine des Gehörsinns? Børge und ich erstarren beide reflexartig, als mitten in der Nacht eine Art Dröhnen ertönt. Vom fast ständigen Heulen des Windes abgesehen, ist es seit unserem Aufbruch das erste Geräusch.

Doch nicht ein Yeti!

Nein. Es ist ein Düsenflugzeug, das einige tausend Meter über uns seine Bahn zieht. Der vertraute Lärm der Triebwerke klingt in diesen Breiten, fernab jeder Zivilisation, sehr seltsam.

Wir legen in sieben Stunden zehn Kilometer zurück. Am Ende des Tages befinden wir uns auf 82 Grad nördlicher Breite. Unter Normalbedingungen – sofern in dieser Region von solchen überhaupt die Rede sein kann – braucht man vom Kap Artichesky bis hierher nur drei bis vier Tage. Wir haben zwanzig Tage benötigt.

Alles, was wir durchgemacht haben, ist nichts verglichen mit dem frustrierenden Gedanken, dass wir unserem Ziel in der ganzen Zeit kaum näher gekommen sind. Dieses verdammte Förderband! Wenn uns die Arktis nicht umbringt, treibt sie uns in den Wahnsinn!

Wir zählen die Tage seit unserem Aufbruch und rechnen nach, wie viele Lebensmittelrationen uns bis zum Nordpol noch bleiben: Wir haben für 67 Tage Proviant mitgenommen. Abzüglich der zurückliegenden zwanzig Tage – in denen wir leider nur im Schneckentempo vorangekommen sind – haben wir nur noch Proviant für 47 Tage. In dieser Zeit müssen wir es bis ins Ziel schaffen. Eine Spezialreserve, die wir nur anrühren dürfen, wenn wirklich unser Leben davon abhängt, haben wir nicht mitgerechnet.

Bislang hatten wir nie Zweifel, es bis zum Nordpol schaffen zu können; jetzt müssen wir uns fragen, ob unser Unternehmen überhaupt noch gelingen kann.

Zum zweiten Mal seit unserem Start entscheidet Børge, dass wir unseren Proviant rationieren. Nicht drastisch, wie beim ersten Mal, aber regelmäßig immer wieder ein wenig, damit der Vorrat eine Woche länger reicht. Das sind keine besonderen Härten, denn wir verzichten nicht auf Tagesmahlzeiten, sondern auf »Extras« zwischendurch. Statt uns beim Frühstück oder Abendessen einzuschränken, sparen wir bei dem Trockenfisch, den fünf Kilogramm Schokolade oder den Suppen, die wir für den kleinen Appetit oder für Hungerattacken mitgenommen haben. Ohne großen Verzicht wissen wir so, dass unser Proviant bis zum Nordpol reichen müsste. Dass die Strecke hart wird, wissen wir allerdings auch.

Tröstlich ist immerhin die Tatsache, dass es bis zum Pol »nur« noch 876 Kilometer sind, und außerdem, dass wir die Linie überschritten haben, hinter der das Eis ebener werden soll.

Leider denkt das Packeis gar nicht daran, sich an die Regeln zu halten. Das Gelände bleibt so uneben, wie es war. Aber wenigstens die Beschaffenheit des Eises wird etwas besser. Es wird von Tag zu Tag dicker, und die eisfreien Stellen werden immer kleiner. Jenseits der 82 Grad nördlicher Breite müsste das Eis eigentlich weitaus besser passierbar sein. Und nach 85 Grad erwarten wir sozusagen eine Art »Autobahn« auf glatter Oberfläche.

Obwohl der Wind abflaut, herrschen noch immer – 36 °C! Der Zustand meiner Finger verschlechtert sich. Die

Schmerzen werden heftiger und quälen mich wie noch nie. Als sie zu groß werden, bitte ich Børge, für heute Schluss zu machen. Wir müssen sofort das Zelt aufstellen, damit ich meine Hände aufwärmen kann. In ein oder zwei Stunden ist es vielleicht zu spät. Das würde das Ende der Expedition bedeuten. Zumindest für mich. Børge ist einverstanden, auch deshalb, weil ihm seine Füße ähnliche Probleme bereiten, auch wenn ihr Zustand noch nicht kritisch ist.

Im schützenden Zelt kann ich meinen drei Fingern, die abzusterben drohen, wieder etwas Leben einhauchen. Der Daumen ist in einem erbärmlichen Zustand. Er ist durch den Eiter angeschwollen und sieht wie ein dickes Würstchen vor dem Platzen aus. Um den Druck zu vermindern, durchsteche ich den Fingernagel mit einer Nadel bis ins Fleisch. Sofort spritzt eine große Menge Eiter heraus.

Børge verzieht angewidert das Gesicht. Aber die Operation verschafft mir Linderung. Wegen des ernsten Zustands meiner Finger bietet Børge mir spontan seine »Norwegerfäustlinge« an, die er für alle Fälle mitgenommen hat. In diese riesigen wollgefütterten Handschuhe, die bis zum Ellenbogen reichen, kann ich problemlos mit meinen Handschuhen hineinschlüpfen. Sie würden mir die Finger etwas besser wärmen. Ich nehme das Angebot sofort an. Die zusätzliche wärmende Schicht um die Hand dürfte verhindern, dass der Erfolg unserer Expedition in Gefahr gerät.

Ich erkenne bei Børge diesen Sinn für das Teilen wieder, der große Abenteurer und diejenigen auszeichnet, die mit Extremsituationen vertraut sind. Ich biete ihm meine Ersatzfäustlinge an. Er hat eigene, aber wie sich herausstellt, kann er mit meinen mehr anfangen. So wäscht eine Hand die andere.

Die Landschaft bleibt ungefähr gleich: Zwischen zwei Gebirgen aus riesigen Schneeverwehungen breiten sich eisige, raue und unebene Flächen aus. Aber jetzt treiben wir in Richtung Norden ab! Und nach dem Wetterbericht soll das auch einige Tage so bleiben!

Jeder gewonnene Kilometer erfüllt uns mit Freude und Dankbarkeit. 154 haben wir bislang zurückgelegt. 12 gestern (plus 4 weitere durch die Abdrift) und 17 heute, einschließlich der Abdrift von 0,6 Kilometer pro Stunde nach Nordosten. Das ist seit dem Start unser absoluter Rekord!

840 Kilometer trennen uns noch vom Nordpol.

Der Wind flaut ab und dreht auf Nordost. Wir treiben nicht mehr nach Norden, aber wenigstens auch nicht zurück. Das ist die Hauptsache. In neuneinhalb Stunden legen wir 17 Kilometer zurück.

Drei Wochen sind wir schon unterwegs. Wie erwartet, ist das Eis ab 82 Grad nördlicher Breite »praktikabler« geworden, aber noch immer versperren uns zahlreiche Berge aus riesigen aufeinandergeschobenen Eisblöcken den Weg. Wenn wir versuchen, über sie hinwegzuklettern oder durch ihre Zwischenräume zu kriechen, fühlen wir uns wie in einem Spiegelkabinett, das uns ständig in die Irre schickt. Wohin sich der Blick auch wendet, überall blendet uns in den Wänden aus Eis das reflektierte Licht unserer Stirnlampen. Das ist ihre Art zu sagen: »Nein,

nicht hier entlang … Und hier geht es auch nicht durch!«
Dann versuchen wir anderswo durchzukommen und
wieder anderswo. Das Licht meiner Lampe spiegelt sich
in den weißen Massen und verliert sich im Nichts der
Spalten. Gern wäre ich dieses Licht, dieser zerbrechliche
und transparente Kegel, den nichts aufhält und der tanzend seinen Weg in die Freiheit findet. Und dann trifft er
plötzlich nur noch auf Finsternis – ein Zeichen, dass wir
endlich eine Spalte gefunden haben, einen Durchlass, der
auf die andere Seite führt oder uns wenigstens ein paar
Meter weiterkommen lässt.

Sofern möglich, laufen wir um die Hindernisse herum.
Denn diese großen Umwege kosten uns auch nicht mehr
Zeit, als wenn wir uns durch sie hindurchschlagen. Zu-
weilen sind wir so sogar schneller.

Dank der Kälte seit einigen Tagen sind die meisten eisfreien Stellen zugefroren. Jetzt können wir bequem weite
Strecken zurücklegen, ohne dass wir Umwege laufen
oder schwimmen müssen. Wir haben den Eindruck, dass
uns nichts mehr aufhalten kann. Schon deshalb, weil
unsere Vorräte an Proviant und Benzin in den letzten drei
Wochen beträchtlich abgenommen haben und die Schlitten entsprechend leichter sind.

Es ist keine Illusion mehr: Die Dunkelheit ist tatsächlich
heller geworden, zumindest für einige Stunden in der
Mitte des Tages, während einer Art Polardämmerung,
die vom Vollmond erhellt wird. Der Horizont erglänzt in
einem irisierenden Licht – leider nur in unserem Rücken.
Unmerklich gewinnen die Kämme aus Eis, die vom Wind
geschliffenen Erhebungen und die schwarzen Wasser-

löcher so scharfe Konturen, dass wir unsere Strecke jetzt etwas besser finden können.

Es ist fast wie im Urlaub, wären da nicht diese Schmerzen. Der Frost, der uns buchstäblich den Weg ebnet, vergeht sich gleichzeitig an meinen Fingern. Ich habe andere Handschuhe angezogen, nehme jeden Tag Aspirin, um mein Blut zu verdünnen, und ab und zu ein gefäßerweiterndes Mittel für eine noch bessere Durchblutung. Es scheint zu helfen. Zumindest für den Augenblick.

Wie jeden Abend verschicke ich eine kurze Zusammenfassung des Tages an Freunde und Besucher meiner Website. Ich versuche sie mit ein paar Fotos zu illustrieren – nur dass meine Finger bei −40 °C nicht mehr mitspielen.

Als wir am Morgen das Zelt abbauen, zerbricht ein Aluminiumbogen beim Zusammenlegen unter meinen Händen in vier Teile. Es ist die Kälte. Børge fährt mich an: Er glaubt, dass ich das Gelenk gewaltsam zusammengedrückt oder mich irgendwie ungeschickt angestellt habe. In Wahrheit ist mir noch nie ein Zeltgestänge kaputtgegangen, auch nicht in den Monaten, die ich bei Temperaturen bis −60 °C verbracht habe. Børge muss erkennen, dass die Schuld bei seinen Sponsoren und der fragwürdigen Qualität des Materials liegt, das sie ihm geliefert haben.

Zum Glück haben wir zwei Ersatzbögen dabei – und drei »Manschetten«, in die man die Bruchstücke der Bögen hineinstecken kann. Sie halten sie zusammen wie Gips einen gebrochenen Knochen.

Meine Daumenspitzen verfärben sich schwarz. Trotz der höllischen Schmerzen ist ihr Zustand noch nicht kritisch. Ich treffe die notwendigen Vorkehrungen, damit sie nicht noch mehr erfrieren. Mehr kann ich nicht tun.

Wenn es nur etwas milder würde. Kälter kann es kaum werden!

An diesem Tag haben wir zwanzig Kilometer zurückgelegt. Ein neuer Rekord. 802 Kilometer vom Nordpol entfernt, richten wir unser Zelt auf. Und die Abdrift müsste uns im Schlaf unserem Ziel um zwei weitere Kilometer näher bringen.

Schade nur, dass man bei dieser Kälte praktisch kein Auge zubekommt. Denn wenn ich schlafe, träume ich von Marshmallows mit Schokoladenüberzug. In meinem augenblicklichen Zustand könnte ich sie kiloweise verdrücken. Børge verrät mir, dass er von einer Brombeertorte mit Sahne träumt. So schwelgt jeder in einer Art Fieberwahn. Wenn man von der Welt und dem normalen Leben lange genug abgeschnitten ist, beginnt einem das Gehirn Streiche zu spielen. Ganz allgemein gilt: Je härter die Bedingungen der Expedition, desto lieblicher und süßer die Träume. So entschädigt die Psyche für die Strapazen.

Irgendwer hat mein Gebet erhört: An diesem Morgen herrschen »nur« noch – 28 °C. Und der Wind hat nachgelassen. Der Tag scheint weniger hart zu werden.

Leider nein: So weit wir sehen können, breitet sich Packeis mit aufeinandergetürmten Schollen aus. Sie auf Skiern zu umfahren müssen wir uns aus dem Kopf schlagen. Zwölf Stunden hintereinander hieven wir unsere Schlitten über die Blöcke, schieben sie zwischen Schneewehen hindurch oder ziehen sie aus Löchern. Sie sind inzwischen viel leichter, aber in der erneuten Extremkälte – die Temperatur sinkt wieder auf $-35\,°C$ ab – gefriert der Schnee zu einer Art Schmirgelpapier. Ich kenne das nur zu gut. Auf der rauen Oberfläche gleiten die Schlitten nur noch schlecht. Sogar an Abhängen! Hoffentlich können wir uns bald aus dieser Falle befreien. Wir verlieren so viel Zeit, dass wir am Ende des Tages ganze 14 Kilometer zurückgelegt haben.

Ein bescheidener Trost: Die in der Tagesmitte einsetzende schwache Dämmerung wird immer deutlicher spürbar. In drei oder vier Tagen können wir vielleicht sogar für eine knappe Stunde unsere Stirnlampen ausschalten.

Kapitel Elf

Teilen können ist lebenswichtig

Børge, der fürs Flicken zuständig ist, hat sich mit unseren drei »Manschetten« der Reparatur des Zeltbogens angenommen, der mir zwei Tage zuvor unter den Fingern zerbrochen ist. Und als wir unser Lager abbauen – kracks! –, widerfährt ihm das gleiche Missgeschick.

Ich verkneife mir jeden Kommentar. Ich brauche auch gar nichts zu sagen. Nur zu gut weiß ich, was mein Partner empfindet. Er hat das Zelt ausgesucht, fühlt sich verantwortlich und ist von seinen Lieferanten enttäuscht. Ich verstehe ihn und habe keine Lust, ihm jetzt noch eins überzubraten.

Aber es ändert nichts: Sein Sponsor hätte das Material auf seine Widerstandsfähigkeit bei extrem niederen Temperaturen testen müssen, bevor er es einem Børge Ousland ausliefert. Børges einziger Fehler bestand darin, seinem Ausrüster blind zu vertrauen. Und der hat die Fertigung seiner Zeltbögen, wohl aus Kostengründen, in eine Werkstatt nach Fernost verlagert.

Wie dem auch sei: Da wir in dieser Umgebung kaum auf einen Sportartikelhändler stoßen werden, der uns ein neues Zelt verkauft, müssen wir mit dem mitgebrachten und – und seinem Gestänge aus Zucker – wohl oder übel zurechtkommen. Wir beten, dass die Reparatur bis zum Pol hält.

Erschwerend hinzu kommt die Erschöpfung nach einem besonders harten Tag: Wir schlucken beide Medikamente, Børge wegen seiner Knie und ich wegen meiner erfrorenen Finger, denen ich damit etwas Linderung verschaffe. Zusammen geben wir ein ziemlich fußkrankes Team ab. Ich kann nicht einmal mehr meine Skier anheben, wenn ich sie abschnallen muss, um eine Passage durchs Eis zu suchen.

Als wir 786 Kilometer vor dem Nordpol erneut unser Zelt aufstellen, gestehen wir uns gegenseitig ein, wie sehr wir uns auf die 24 Stunden Ruhe freuen, die wir uns in fünf Tagen gönnen dürfen. Wenn alles gut geht. Es wird seit Beginn der Expedition unser zweiter »freier« Tag. Bis dahin haben wir ihn uns redlich verdient.

Bei einer leichten Abdrift nach Nordosten und trotz des Packeises, das uns stark aufhält, kommen wir an diesem 16. Februar einigermaßen gut voran. Der Südwind, der mit einer Geschwindigkeit von fünf bis sechs Metern pro Sekunde bläst, drückt die Temperatur von −27 auf −40 °C herab und wirbelt den Schnee zu einer Art Nebel auf, der uns die Sicht nimmt. Wenigstens gleiten jetzt die Schlitten besser. Mit Mühe kommen wir an diesem Tag 15 oder 16 Kilometer weiter.

Als ich mit dem Satellitentelefon zu Hause anrufe, sagt meine elfjährige Tochter Jessica im Flüsterton: »Papa, heute ist Valentinstag. Du musst Mama alles Gute wünschen!«

Zum Glück erinnert sie mich daran. Ich habe den ganzen Tag daran gedacht (den Kalender habe ich ständig im Kopf), es am Telefon aber wieder vergessen.

Wenn ich auf Expedition bin, spreche ich – außer mit meinen Töchtern natürlich – nur mit meiner Frau. Nicht nur aus persönlichen Gründen, sondern auch weil ich sämtliche Arbeiten und Erledigungen über mein Zuhause abwickle. Und das ist eben Cathy. Sie ist gleichzeitig meine Pressesprecherin, PR-Leiterin und Cheforganisatorin. Sie verfolgt nicht nur, wo ich mich während der Expedition gerade befinde, sondern erlebt vielmehr alles live aus erster Hand mit. Genau wie bei den vorigen Expeditionen gehört sie unverzichtbar dazu.

Børge ruft häufig seine Frau Venka und ihren gemeinsamen Sohn Max an. Venka spielt allerdings nicht die Rolle, die Cathy für mich hat. Børge hält sie mehr im Allgemeinen auf dem Laufenden. Genauere Informationen erhält Olav, der sich um Børges Website kümmert.

Wir erreichen 83 Grad nördlicher Breite. Das Eis wird älter und somit dicker. Bislang hatte der Druck der kollidierenden Schollen hohe Hügel aus Eisschutt aufgeschoben, die wir kletternd überwinden mussten. Jetzt ragen massigere Blöcke auf, die sich mit höherer Kraft gegenseitig zermalmen. Dabei driften wir mit 0,3 bis 0,6 Kilometer pro Stunde in Richtung Nordwesten, also ungefähr auf unser Ziel zu. Unsere Schlitten gleiten auf einer Schicht Neuschnee – endlich – wie Pinsel über Seide dahin. Der Südostwind, der mit zehn Metern pro Sekunde bläst, müsste bald wieder nach Nord drehen – und uns damit wieder frontal das Gesicht malträtieren. Meiner Nase wird das gar nicht gefallen.

Wir nutzen die optimalen Bedingungen, so lange wir können, und stellen einen neuen Rekord auf: eine Tagesleistung von 27 Kilometern. Jetzt haben wir noch 741 Kilometer vor uns. Wenn wir durchschnittlich zwanzig Kilometer pro Tag zurücklegen, reicht der Proviant bis zum Nordpol. Und für alle Fälle haben wir auch noch die kleine Sicherheitsreserve für drei Tage dabei.

Der Vollmond entschwindet hinter dem Horizont und lässt uns in der neuerlichen Finsternis zurück. Trotz der Hindernisse, die uns das Packeis in den Weg stellt, schaffen wir 17 Kilometer. Wir beklagen uns nicht. Der Wind, der den ganzen Tag heftig geweht hat, flaut gerade in dem Moment ab, da wir unser Lager aufschlagen. Es ist etwas milder. Zudem werden wir zum ersten Mal in Ruhe schlafen können – ohne das ständige Heulen des Windes und das Knattern der Zeltplane, die wie eine Fock im Sturm flattert.

Was unser tägliches Zusammenleben im Zelt angeht, gilt eine grundlegende Übereinkunft: Wir versuchen es dem anderen möglichst bequem zu machen. Die »Geschäfte« verrichten wir mit Rücksicht auf den anderen im Freien, was angesichts der Temperaturen keineswegs selbstverständlich ist. Aber wir haben beide ein Anrecht darauf, dass ein Minimum an Intimsphäre gewahrt bleibt.

Beim täglichen Zusammenwirken sind die Aufgaben nicht immer klar verteilt. Ob beim Aufstellen des Zeltes – wer schlägt die Heringe ein und spannt die Schnüre? Wer bereitet das Innere vor? Danach, wenn es steht, verhalten wir uns beide mitunter instinktiv so, als seien wir wieder allein unterwegs. Diese »Junggesellen«-Gewohnheiten führen mitunter zu leichten Spannungen. Anfangs drängten Børge und ich beide gleichzeitig ins Zelt, um im Inneren den Raureif zu entfernen, obwohl einer draußen die Schnüre spannen müsste.

Schnell wird deutlich, dass alles festgelegt und geregelt werden muss. Ob beim Kochen, ob beim Reinigen des Zeltes – nichts darf am Ende dem Zufall überlassen werden. Wir merken schnell, wo Not am Mann ist, und reagieren fast ohne Absprache instinktiv richtig. Je weiter unsere Expedition vorankommt, desto harmonischer wirken wir zusammen.

Sobald wir unseren Lagerplatz bestimmt haben, hole ich das Zelt aus dem Schlitten und falte es auseinander. Ich stecke die drei Bögen dieses »Tunnelmodells« zusammen und halte am Ende des Gestänges eine Seite der Plane fest, damit Børge sie nur noch wie den Überzug über eine Schlummerrolle über die Stangen ziehen muss.

Während ich das Zelt auspacke, schlüpft Børge aus seinem Parka und in seine »Haus-Daunenjacke«, wie andere einen Morgenrock anziehen. Sie hält ihn so warm, dass er in ihr auch draußen in aller Ruhe Aufgaben wie das Befestigen des Zeltes am Boden erledigen kann.

Ich behalte meinen Parka an, bewege mich aber schneller. Ich erledige alles im Turbogang, damit ich möglichst schnell aus der Kälte ins schützende Zelt komme. Bei den Aufgaben im Freien wechseln wir uns täglich ab.

Wir verabreden eine Aufgabenteilung, die von Tag zu Tag wechselt. Mal ist es Børge, der ins Zelt schlüpft und den Schnee und Raureif mit einer Bürste entfernt. Dann breitet er die maßgefertigte Isomatte aus, die den gesamten Boden bedeckt, und säubert auch sie. Anschließend entrollt er die Schlafsäcke. Gleich danach entzündet er den Kocher, um vor der Zubereitung des Abendessens die eisige Luft etwas zu erwärmen.

Derweil häufe ich Schnee auf die *Snowflaps* – die Klappen der Plane unten am Zelt zur Befestigung am Boden –, lege die Skier darauf und binde das Zelt zusätzlich an den Schlitten fest, damit es nicht weggeweht werden kann.

Am nächsten Tag tauschen wir die Rollen. Børge macht das Tunnelzelt sturmfest, und ich bereite das Innere vor.

Bevor wir ins Zelt schlüpfen, ziehen wir die Schuhe aus, wälzen sie im Schnee, damit sie trocken werden, und lassen sie mit den groben Wollsocken im »Vorraum« zurück. Die leichteren Socken behalten wir an. Die Plastiksäcke um sie herum streifen wir ab und trocknen sie an der Wärme unseres Körpers im Schlafsack.

Børge macht sich noch immer wegen der Bären Sorgen und installiert vor dem Zelt jedesmal die »Selbstschussanlage« mit der Leuchtpistole. Ich bin von der Maßnahme nicht überzeugt und halte sie für überflüssig. Aber Børge ist ängstlicher und legt größten Wert auf sie. Solange er sich um die Installation kümmert, ist es mir egal.

Bevor wir es uns in unserem Unterschlupf bequem machen, verbringen wir gute zwei Stunden damit, die kleinsten Schneeklümpchen und Eiskristalle von unseren Handschuhen – sie kleben an allen drei Schichten –, den Parkas, Socken, Masken und Schuhen zu bürsten. Wenn wir das nicht täglich tun, riskieren wir, dass dieses Eis, das hauptsächlich aus gefrorenem Schweiß besteheht, zu steinharten Klumpen zusammenbackt und die Kleidungsstücke schließlich unbrauchbar macht. Steckt man beispielsweise die Hände in vereiste Handschuhe, ist die Gefahr sehr groß, dass die Finger erfrieren. Vor allem meine, die ohnehin schon geschädigt sind.

Jeder verrichtet seine Aufgaben sorgfältig in seinem »Vorzimmer« – Børges liegt vorn, meines hinten am Zelt. Dadurch sitzen wir uns in einiger Entfernung Rücken an Rücken gegenüber, was der Abendunterhaltung nicht gerade förderlich ist. Dann verstauen wir den Sack mit unseren persönlichen Sachen am vorgesehenen Platz und holen die »Einkäufe« herein, also die Essensrationen von den Schlitten, die wir uns für diesen Abend vorgesehen haben.

Gekocht wird im Vorraum: Hier ist das Risiko geringer, dass das Zelt in Brand gerät, wenn zum Beispiel beim Anzünden des Kochers eine Stichflamme auflodert. Einer solchen Katastrophe sind wir schon ein oder zweimal um Haaresbreite entkommen. Wenn man auf so engem Raum mit Feuer hantiert, lässt es sich eigentlich nicht vermeiden, dass eine Daunenjacke, ein Schlafsack oder andere Ausrüstungsteile ein Brandloch abbekommen. Bislang ging es immer glimpflich ab, aber wir geben uns trotzdem alle Mühe, Schlimmeres zu vermeiden.

Sobald das Wasser heiß ist, füllen wir es in zwei kleine Plastikflaschen ab, an denen wir uns dann die Hände aufwärmen. Zwei weitere stecken wir in die Schlafsäcke an unsere Füße. Dann kommt der schönste Augenblick des Tages: Eingemummt in unsere Schlafsäcke, verschlingen wir unser heißes Abendessen. Man muss schon so extrem niedere Temperaturen am eigenen Leib erlebt haben, um zu begreifen, was es bedeutet, sich an einer Mahlzeit aufzuwärmen.

Børge sagt mir plötzlich, dass sein Essen zu schwer sei. Das viele Fett und Öl verursache ihm Sodbrennen. Ob ich etwas dagegen hätte, wenn wir teilten? Überhaupt nicht. Wir tauschen jeweils die Hälfte unserer Essensrationen gegeneinander aus. Ich stimme schon deshalb gern zu, weil ich genauso davon profitiere: Während er eine leichtere Kost bekommt, kann ich mir so mehr Kalorien zuführen und mich dadurch besser auf den Beinen halten. Teilen können – das ist in einem Team wie unserem immer von höchster Bedeutung und für Børge wie für mich selbstverständlich. So hat mein Partner mir ganz selbstverständlich seine Norwegerfäustlinge abgetreten, und ich teile ganz selbstverständlich meine eingeschweißten Mahlzeiten mit ihm.

Ebenso lasse ich ihn an den fünf Kilogramm Schokolade teilhaben – eine Reserve im Schlitten, an der ich mich gütlich tue, seit wir die Rationierung nicht mehr ganz so streng einhalten. Als ich an der Flamme des Kochers ein Stück auftaue, verbreitet es im Zelt einen köstlichen Duft, der auch Børge in die Nase steigt. Obwohl er Schokolade mag, hat er bislang jedes Angebot mit der Begründung abgelehnt, dass wir unseren Proviant immer getrennt gehalten haben. Aber jetzt kann er doch nicht mehr widerstehen.

Ich hake zudem bei der Frage »Tee oder Kaffee?« nach, ein Angebot, das ich ihm seit unserem Start immer wieder mache. Aus Gründen des Gewichts nimmt Børge beides nie mit, während ich mich nicht dazu durchringen kann, auch auf dieses Stück Zivilisation zu verzichten. Børge weiß, dass ich nur eine Portion pro Tag für eine Person mitgenommen habe, und hat deshalb immer abgelehnt. Aber ich frage so lange nach, bis er auch hier schließlich nachgibt.

Allmählich spielen sich Rituale ein. Während ich noch im Halbschlaf liege, höre ich Børge sagen: »Mund auf, Mike.« Er steckt mir einen seiner Schokoladentaler hinein. Als wir unser Frühstück verdrückt und unsere Thermosflaschen mit dem hochkalorischen Getränk für den Tag gefüllt haben, hält er mir einen halben Liter heißes Wasser hin. Ich mache uns je einen Kaffee. Und am Abend, sobald wir uns es im Zelt bequem gemacht haben, reiche ich ihm meinen Kakao.

Teilen können, das ist lebensnotwendig wie das Blut in unseren Adern. Wenn wir am Morgen unseren heißen »Schwarzen« genießen, spüren wir fast körperlich dieses für Außenstehende nicht nachvollziehbare stählerne Band, das uns aneinanderbindet, trägt, weiterzieht und schützt. Es gibt uns die Kraft zum Überleben.

In der kurzen Zeit unmittelbar vor dem Aufbruch verarzten wir mit einem Pflaster oder Verband unsere Erfrierungen an Nase und Fingern, damit sie möglichst nicht schlimmer werden. Nur jetzt haben wir auch die Gelegenheit, unser Gesicht mit einer Schutzcreme einzureiben. Børge hält mir stumm seinen kleinen Tiegel Vaseline hin, und ich stippe wortlos meine Finger hinein.

Jeden Morgen vor dem Zusammenpacken und Aufbrechen steckt mein Partner ein Fläschchen heißes Wasser in seine eiskalten Schuhe, die wie meine die Nacht im Vorraum verbracht haben. Das wärmt sie, wenn auch nur für kurze Zeit, etwas auf und schont so seine empfindlichen Füße.

Børge ist kein Typ, der jammert. Aber ich weiß, dass ihm die Füße in den vielen Stunden unseres Laufs höllisch wehtun. Und weil wir jetzt alles teilen, leide ich mit ihm.

Ich wärme meine Hände noch ein letztes Mal an der Flamme des Kochers auf. Dann packen wir das Lager zusammen und beladen die Schlitten. Børge und ich wissen, dass wir mit solchen kleinen Vorkehrungen die Schmerzen nicht verhindern können. Wir können allenfalls den Moment, in dem sie zurückkehren – und wie ein Rudel bissiger Hunde über meine Finger und seine Füße herfallen –, für einige Minuten oder sogar für eine halbe Stunde hinausschieben. Man gewöhnt sich daran.

Wir sind zu einem harmonischen Team zusammengewachsen. Dass wir vieles teilen, veranschaulicht dies am besten. Das ist der Treibstoff, der unsere Gemeinschaft voranbringt.

Wir sind nicht mehr weit davon entfernt, dass sich zwischen uns ein perfektes Zusammenspiel einpendelt. Damit erst erreichen unsere Leistungen Topniveau. Wir nähern uns einander an wie die Längenkreise, die zum Nordpol hin immer enger zusammenstreben. Dann kann uns auf unsrem Weg zum gemeinsamen Ziel eigentlich nichts mehr aufhalten.

Kapitel Zwölf

Das Wasser und der Pfefferspray

Nach stundenlangem Lauf stoßen wir an diesem 17. Februar auf eine offene Wasserfläche. Die Eisschicht darüber ist so dünn, dass wir unter ihr Meeresschaum erkennen können. Wir ziehen in aller Ruhe unsere wasserdichten Anzüge an und wagen uns auf die dünne Eisfläche. Und versuchen dabei, uns möglichst leicht zu machen.

Offenbar sind wir nicht leicht genug. Mit einem unheilvollen Krachen saust Børge senkrecht nach unten und wird vom Nordpolarmeer verschluckt. Es ist nicht daran zu denken, dass ich ihn herausziehe. Ich würde ebenfalls einbrechen. Ich taste mich wieder zurück. Børge schwimmt hinter mir her, zerbricht dabei das Eis bis zum »Ufer« und zieht sich nach oben. Wir bedanken uns bei unseren Anzügen.

Stundenlang laufen wir auf der Suche nach einer sichereren Passage am Ufer dieses schwarzen Sees entlang. Als wir an einen Berg aus Eisblöcken kommen, müssen wir sie ganz nah mit unseren Stirnlampen ableuchten, um einen möglichen Durchgang zu finden. Und dabei geht jeder seines Wegs, sodass der Abstand zwischen uns größer wird. Dann verlieren wir den Sichtkontakt zueinander. Sofort macht sich Angst breit. Sie wächst sekundenschnell ins Unermessliche. So schnell wie möglich muss ich zu der Stelle zurückkehren, an der wir die Schlitten zurückgelassen haben und die als Treffpunkt dient. Ich muss auf jeden Fall dorthin zurück – außer das Eis ist aufgebrochen und Wasser schneidet uns den Weg ab. Oder wir finden unsere eigenen Spuren nicht mehr. Oder ein Bär greift an.

Alles kann passieren, dem einen wie dem anderen.

Wenn der Gefährte nicht am Schlitten wartet, wenn ich komme – Panik. Wo ist er hin? Hoffentlich ist ihm nichts zugestoßen, ist er nicht ins Wasser gestürzt. Meine Phantasie dreht durch.

Børge und ich sind übereingekommen, dass keiner von uns sein Leben riskiert, um das des anderen zu retten. Aber jetzt – ich will sein Leben auf jeden Fall retten. Doch wo liegt die Grenze, ab der man sich in Lebensgefahr begibt. Ist sie für denjenigen, der dem anderen zu Hilfe eilt, im Ernstfall deutlich erkennbar? Kann er zu sich selbst klar sagen: »Stopp! Bis hierher und nicht weiter«? – »Ab jetzt musst du selbst sehen, wo du bleibst.« Darüber muss man genauer nachdenken.

Ich erinnere mich wieder an meine Studienzeit an der Stellenbosche Universität in Kapstadt. In den Semesterferien im Sommer verdingte ich mich als Rettungsschwimmer und behielt südafrikanische Strände im Auge – auch eine ideale Position, um Mädchen zu beobachten. Ein Kollege von mir schwamm einem Ertrinkenden zu Hilfe. Er legte ihm das Geschirr mit dem Seil um, damit ihn die Retter am Strand aus dem Wasser ziehen konnten. Wegen der Wellen geriet das Seil allerdings unter einen Felsen. Als die Leute an Land das Seil einholten, wurden beide Männer unter Wasser auf Grund gezogen und ertranken.

Wenn man ein Leben retten will und weiß, dass man sein eigenes riskiert, überlegt man es sich zweimal. Das weiß ich. Und das weiß auch Børge. Und wir wissen beide auch, dass sich alle Überlegungen in Luft auflösen, wenn sich so ein Drama tatsächlich abspielt.

Børges Silhouette taucht auf; für heute bleibt uns die Tragödie erspart. Wir kehren beide gesund und wohlbehalten zurück.

Aber leider haben wir auch keinen Durchschlupf gefunden! Morgen werden wir erneut unser Glück versuchen. Man weiß nie: Vielleicht ist das Eis bis dahin fester.

Der nächste Tag: Wer hat schon Lust, um sechs Uhr früh bei absoluter Dunkelheit ins Polarmeer zu steigen? Wir jedenfalls nicht. Aber wir müssen uns überwinden, denn das Eis ist über Nacht kaum fester geworden.

Børge übernimmt die Führung des Zugs. Mit seinem Körper bahnt er uns wie ein Eisbrecher einen Weg. Mit zwei Seilen schleppt er die Schlitten hinter sich her, während ich von hinten schiebe. 300 Meter Wasser müssen wir so überwinden.

Wie sich herausstellt, war es eine gute Idee, dass wir diese Überquerung auf den nächsten Tag verschoben haben. Zu unserer Freude ist das Eis über dem zweiten Teil der Wasserfläche so fest geworden, dass wir von dort an zu Fuß weiterkommen.

Zwei Schritte vor und einen zurück. Nach neun Stunden Marsch haben wir 17 Kilometer zurückgelegt, aber das GPS-Gerät weist nur acht Kilometer aus. Ein Nordwestwind mit einer Geschwindigkeit von fünf bis sieben Metern pro Sekunde treibt das Eis ab und befördert uns mit 0,5 Kilometern pro Stunde nach Süden zurück.

Angesichts der Lage hoffen wir auf den nächsten Tag und verordnen uns Ruhe. Es ist weniger frustrierend, sich entspannt zurücktreiben zu lassen, als sich den ganzen Tag umsonst abzurackern. In einer Ruhephase bauen wir wenigstens Energiereserven auf. Und mit etwas Glück gewinnen wir die verlorene Strecke zurück, wenn die Abdrift die Richtung wechselt. Manchmal muss man abschalten und sich eine Pause gönnen.

Wir widmen unseren »Ruhetag« allen möglichen Reparaturen. Arbeit gibt es genug. Das Gelenk eines unserer Zeltbögen ist gestern angebrochen. Børge hat es mit Eisendraht provisorisch befestigt. Ich muss die Plane über meinem Schlitten flicken, meine Robbenfelle wieder richtig am Ski festmachen und meine übrige Ausrüstung durchchecken.

Als unser Material instandgesetzt ist, verarzten Børge und ich unsere Wunden. Die Erfrierung an meiner Nasenspitze ist noch nicht im kritischen Stadium, aber ich muss darauf achten. Børge hat ein völlig verschwollenes Gesicht: Der schneidende Wind, der uns seit drei Tagen unablässig nach Süden abtreibt, setzt ihm heftig zu.

Drei Tage ohne ein Vorankommen! Das muss sich ändern, und zwar schleunigst!

Mit frisch aufgeladenen Batterien und voller Tatendrang blasen wir zum erneuten Sturm auf das Eis. Die Abdrift hat nachgelassen. Von den 18 Kilometern, die wir in unseren Zähler eingeben, verlieren wir nur noch drei. Wir sind noch siebenhundert Kilometer vom Pol entfernt und nähern uns 84 Grad nördlicher Breite.

Während unseres neunstündigen Laufs durchschwimmen wir zwei offene Wasserflächen. Im Glanz des wiedererschienenen Vollmonds fotografiere ich die Spuren eines Polarbären. Er muss unsere Route vor einigen Tagen gekreuzt haben, kurz bevor uns der Sturm erwischt hat. Die Abdrücke sind teilweise mit Schnee aufgefüllt, sodass ihr Alter einigermaßen genau bestimmbar ist.

Der Wetterbericht sagt für sehr bald einen weiteren Sturm an, der mit Windgeschwindigkeiten von 13 bis 15 Metern pro Sekunde von Spitzbergen her auf uns zurast. Er wird uns möglicherweise in die richtige Richtung treiben, aber wir müssen mit einem Temperatursturz um zwanzig Grad rechnen! Vielleicht wird es so eisig, dass wir im Zelt bleiben müssen. Andernfalls riskieren wir noch schlimmere Erfrierungen an den Fingern und Zehen. Warten wir es ab.

Seit dreißig Tagen sind wir nun schon auf dem Eis. Uns ist klar, dass wir nur noch für 37 Tage Proviant haben und diesen auf maximal vierzig Tage strecken können. Wir müssen im Tagesdurchschnitt 18,8 Kilometer vorankommen, wenn wir den Pol am 23. März erreichen wollen. Ob es klappt, ist keineswegs sicher. Aber wir können es schaffen. Um alle Chancen zu nutzen, beschließen wir, ab jetzt zehn statt neun Stunden pro Tag zu laufen.

Noch drastischer – und noch unumkehrbarer – ist Børges Vorschlag, dass jeder von uns einen seiner Schlitten zurücklässt. Dazu müssen wir seine Fracht auf den anderen umladen. Ich halte das für verfrüht und schlage einen Kompromiss vor: Ich belade einen Schlitten so gut es geht, und ziehe den zweiten leer hinter mir her für den Fall, dass wir ihn doch noch brauchen. Aber Børge besteht darauf: Damit wir schneller vorankommen, muss sich jeder von einem seiner Schlitten trennen. Nach einem kurzen Meinungsaustausch unterwerfe ich mich dem »König der Arktis«, packe die Ladung des kleinen Schlittens um und hänge ihn ab. Børge macht es ebenso. Da für die Schlafsäcke kein Platz mehr ist, packen wir sie in Plastiksäcke und binden sie oben auf der übrigen Ladung fest.

Und schon geht es weiter. Ich muss noch einen Blick über die Schulter auf die beiden gelben Flecken auf dem Eis werfen, die in der Dunkelheit entschwinden. Mir ist sehr unwohl beim Gedanken daran, dass wir ein Stück Ausrüstung, das lebenswichtig war, wie eine nutzlos gewordene Raketenstufe, die im All zurückbleibt, so einfach auf dem Packeis zurücklassen. Und dass diese Schlitten nutzlos geworden sein sollen, überzeugt mich nicht so ganz.

Jede Stunde und jede Minute, die wir nicht schlafen, leben wir in einem Universum, das nur aus dem besteht, was unsere Stirnlampen uns sehen lassen. Um keinen Blackout zu riskieren, führen wir beide in einer Tasche eine Ersatzlampe mit uns. Denn die Batterien können wir wegen der Kälte nur im Zelt wechseln.

Dass wir unseren Weg mit nur einer Lampe ausleuchten müssen, schränkt unser Blickfeld gewaltig ein. Wir können nicht ringsherum und bis zum Horizont blicken, um die günstigste Route für uns auszumachen. Wir müssen unsere Entscheidungen anhand der wenigen Meter Sicht vor uns treffen. Deswegen gehen wir seit Beginn unserer Expedition davon aus, dass wir es praktisch geschafft haben, wenn wir 87 Grad Nord erreichen. Denn ab dort werden sich die Schleier der Finsternis immer mehr heben. Unser Blickfeld wird sich erweitern, und wir werden vom Lichtkreis unserer Stirnlampen immer unabhängiger.

Den ganzen Tag über bläst der Wind böig aus Süden. Mit einer Geschwindigkeit von zehn Metern pro Sekunde werden wir beim Laufen von einer titanischen Kraft angeschoben. Wir eilen durch eine Nacht, in der dichte Wolken für absolute Dunkelheit sorgen. Unsere Lampen erhellen nur die nächsten zwei bis fünf Meter. Mit schmerzenden Augen versuchen wir kleinste Unebenheiten auf dem Eis vor uns auszumachen, eine höchst aufreibende Aufgabe.

Die Schneelandschaft ähnelt einem riesigen Feld aus Gipsschutt, über das unsere Skier knarrend hinwegholpern. Ab und zu müssen wir eine der zahllosen Spalten im Eis überqueren, die nur hauchdünn überfroren sind und die der Pulverschnee in tödliche Fallen verwandelt. Und stellenweise liegt die Schicht Schnee sogar direkt auf dem Wasser. Entweder wir erkennen in der stockdunklen Nacht rechtzeitig das Hindernis, oder wir stürzen hinein.

An diesem Tag haben wir offenbar Glück.

Nachdem wir in neuneinhalb Stunden um 28 Kilometer – davon acht dank der günstigen Abdrift – vorangekommen sind, stoßen wir auf »altes«, dickes Eis, auf dem wir in völliger Sicherheit unser Zelt aufstellen können.

Dass wir augenblicklich nur 300 Kilometer vom Kap Artichesky entfernt sind, ist dabei eher entmutigend. Darüber reden wir lieber nicht.

Nachdem wir über Nacht wieder zwei Kilometer zurückgefallen sind, treiben wir auf dem Eis erneut in die richtige Richtung. Seltsamerweise flaut der Wind immer gerade dann ab, wenn es die Abdrift gut mit uns meint. Vielleicht ist es die Ruhe vor dem Sturm. Am nächsten oder spätestens übernächsten Tag, dem Freitag, müsste uns das erwartete schlechte Wetter erwischen. Böen mit Windgeschwindigkeiten um 15 Meter pro Sekunde und ein Temperatursturz sind angesagt.

Die heftigen Winde machen uns auch indirekt zu schaffen: Sie peitschen auf dem Polarmeer Wellen auf, die Druck auf das Eis ausüben und es so zum Zerbersten bringen: So erwarten uns wieder mehr eisfreie Stellen und aufgetürmtes Packeis.

Einstweilen ist das Wetter so gut, wie es eben sein kann. Wir treffen noch immer auf ausgedehnte eisfreie Flächen, finden aber mit einer Ausnahme jedesmal eine »Brücke« oder einen Weg um sie herum.

Inzwischen steht fest: dass wir je einen Schlitten zurückgelassen haben, verhilft uns nicht zu schnellerem Vorankommen. Auf dem verbleibenden Schlitten lastet jetzt offenkundig eine zu schwere Fracht. Mit den draufgesattelten, zusammengerollten Schlafsäcken ragt die Ladung jetzt zu hoch über den Kanten auf. Durch den veränderten Schwerpunkt ist der Schlitten instabil geworden und lässt sich schwerer ziehen.

Wir besprechen das Problem ganz sachlich. Auch deshalb, weil die verbliebenen Schlitten täglich leichter werden und bald schon stabiler gleiten. Aber ich spüre, dass Børge sich über sich selbst ärgert, weil er durchgesetzt hat, dass wir die zweiten Schlitten zurücklassen. Um drei Uhr nachts weckt er mich plötzlich mit den Worten: »Ich gehe zurück und hole die Schlitten.«

Irgendwie glaube ich noch zu träumen. Im Halbschlaf höre ich mich sagen: »Was? Du willst zwei volle Tage zurücklaufen?«

»Ja. Ich folge unseren Spuren.«

»Hin und zurück macht das aber achtzig Kilometer!«

»Na und?«

»Na und! Wir verlieren zwei volle Tage! Und auf dem treibenden Eis ist nicht einmal sicher, dass du sie wiederfindest.«

Er hält an seiner Absicht fest. Wir reden hin und her. Und wie sich bestätigt, ärgert er sich über sich über selbst und macht sich wegen seiner Fehlentscheidung so heftige Vorwürfe, dass er nicht mehr schlafen kann. Und er ist überzeugt, dass ich mich auch ärgere. Aber er täuscht sich. Ich versuche die Dinge zurechtzurücken und erkläre ihm, dass ich »verschütteter Milch grundsätzlich nicht nachweine«, wie man auf Englisch so schön sagt. Für mich ist die Sache erledigt. Sich damit jetzt noch zu befassen und darüber nachzugrübeln ist eine Verschwendung von Zeit und Energie. Das ist nicht mein Stil.

Zudem war die Entscheidung nicht unbedingt falsch. Meiner Meinung nach kam sie nur etwas zu früh. Nachdem sie gefallen war, habe ich mir über ihre Richtigkeit keine Gedanken mehr gemacht. Wir mussten uns mit ihr arrangieren. Wir können die Sache vergessen. Jedenfalls habe ich nicht die Absicht, nochmals achtzig Kilometer zu laufen, um Schlitten wiederzubeschaffen, die wir vielleicht nicht mehr finden und die am Ende doch überflüssig werden, weil unser Proviant immer weniger wird.

»Geh nur, wenn du willst«, sage ich zu Børge. »Ich warte hier.«

Am Ende kann ich ihn zur Vernunft bringen. Er lässt von seinem Vorhaben ab – und ich sinke in den Schlaf zurück.

Seitdem wir den 83. Grad nördlicher Breite passiert haben, geht es im Eiltempo weiter voran. Die Schlitten werden leichter, wir sind gut in Form, und unsere Ausrüstung hält auch durch. Bei täglich elf oder zwölf Stunden Marsch und fünf Stunden Schlaf (dazu die Rasten und das Essen) legen wir im Durchschnitt 25 oder 26 Kilometer zurück. Keine Expedition vor uns hat zwischen 83 und 90 Grad nördlicher Breite je ein solches Tempo vorgelegt. In solchen Phasen neigt man zu der Wunschphantasie, dass jetzt nichts mehr unmöglich ist.

Ärgerlich sind nur diese vielen Spalten im Eis, die ein stürmischer Nordwestwind aufgerissen hat. Geblendet von Schneewirbeln erkenne ich an der Spitze unseres Zweierteams kaum noch das Vordere meiner Skier. Eine Wasserfläche ist mit einer zugeschneiten Schicht Eis bedeckt, die eigentlich tragen müsste. Vorsichtig wage ich mich auf sie. Ein Schritt und ein zweiter … Beim dritten zerspringt die Eisdecke schlagartig wie ein eingeworfenes Kirchenfenster mit einem Krachen, das einem das Blut in den Adern gefrieren lässt. Ich verliere den Boden unter den Skiern und tauche schlagartig bis zum Gürtel ins finstere Eiswasser ein. Zum Glück gehe ich nicht ganz unter: Weil das Eis zunächst unter der Spitze meiner Skier nachgegeben hat, konnte ich mich noch nach hinten abstoßen und mich an der Kante des festen Eises abstützen.

Meine Beine mit den Brettern an den Füßen hängen noch ganz im Wasser. Mit letzter Kraft ziehe ich mich aufs feste Eis. Dann klebe ich mir hektisch einen Umschlag aus Pulverschnee um die Beine, der die Nässe aus meinen Kleidern saugen soll. Die entstehenden Eisklumpen kann ich später wegbürsten. So allerdings werde ich die Nässe im Inneren meiner Kleidung und in der Unterwäsche nicht los.

Die Temperatur ist zwar auf – 18 °C gestiegen, aber ein Sturm wütet. Die Winde fegen heulend so heftig über das Eis, dass wir uns kaum auf den Beinen halten können.

Es dauert nur noch wenige Minuten, bis ich vollends auskühle und meine Füße erfrieren.

Børge macht von mir rasch noch ein Foto und stellt hastig das Zelt auf. Ich lege im Vorraum meine Hose, meine Stiefel und meinen Parka ab und hechte ins Innere, um an den Flammen des Kochers meine Handschuhe und Unterwäsche zu trocknen.

Zwei Stunden später habe ich frische Socken an und den Raureif aus meinen Stiefeln gebürstet. Schon sind wir wieder unterwegs. Ich mache noch immer den Leithund.

Drei oder vier Stunden lang durchqueren wir eine Landschaft, in der zwei gigantische Eisplatten wie Monster der Urzeit aneinandergeraten sind und ein Gebirge aus riesigen Eisblöcken aufgetürmt haben. Es kommt uns so vor, als spazierten wir zwischen kolossalen Glassplittern umher. Zu diesen festen Hindernissen kommt plötzlich eine schmale Spalte mit offenem Wasser hinzu. Ich meine, ihr Ende zu erkennen, und will um sie herumgehen, als Børge eine Stelle ausmacht, die näher und absolut sicher sei, wie er meint. Er wagt sich als Erster auf das dünne Eis, das tatsächlich zu tragen scheint. Überzeugt gehe ich ebenfalls weiter. Die dünne Eisschicht ist von Rissen durchzogen, und vor mir klafft eine finstere Spalte auf. Ich ziehe meinen Schlitten heran und setze einen Ski auf die andere Seite der Spalte. Genau in diesem Augenblick setzt sich das Eis, auf dem ich mit einem Fuß stehe, unter dem Druck von Strömungen in Bewegung und gleitet von mir weg. Binnen Sekunden finde ich mich in einem Spagat wieder und kann weder auf die Seite mit meinem Schlitten zurückkehren noch ganz auf die andere Seite springen und den Schlitten zu mir herüberziehen.

Für mich führt die einzige Richtung jetzt nach unten.

»Alles aussteigen!«

Es gelingt mir auch diesmal, den Schaden zu begrenzen und mich halb über Wasser zu halten. Aber meine Hände sind ins Wasser geraten und meine Handschuhe völlig durchnässt.

Ich hieve mich ins Trockene, ziehe den Schlitten heraus, der nach mir ins Wasser geplatscht ist, und reibe mich das zweite Mal an diesem Tag mit Schnee ein. Børge und ich setzen sofort unseren Weg fort. Wir müssen aus dieser verdammten Verwerfungszone schleunigst verschwinden, in der es keine zwei Quadratmeter ebenes Eis gibt, um ein Zelt aufzustellen. Ich bin klatschnass und laufe so schnell ich kann, um mich ein bisschen aufzuwärmen. Obwohl wir schon eisigere Tage erlebt haben, muss ich mich sehr rasch abtrocknen, wenn ich nicht erfrieren will. Es wird ein Wettlauf gegen die Zeit, von dem ich nicht sicher bin, ob ich ihn überleben werde. Trotz aller Anstrengungen spüre ich, wie meine gefrierenden Kleider bei jedem Schritt steifer werden.

Endlich ebenes Eis! Es ist eine sehr kleine, aber ausreichend große Fläche. Børge und ich schlagen schleunigst das Lager auf. Im schützenden Zelt ziehe ich mich blitzartig ganz aus und schlüpfe in trockene Polarwolle. Zum Glück habe ich nur so wenig Körperwärme verloren, dass ich den Verlust rasch ausgleichen kann. Während draußen Børge die Eisschicht von meinem Parka und meiner Hose kratzt, trockne ich am Kocher meine Socken. Jetzt habe ich leider kein Ersatzpaar mehr.

Weil sich das Salz aus dem Meerwasser in meine Kleider gesetzt hat, trocknen sie jetzt nicht mehr vollständig aus. Wir beschließen, meine Handschuhe mit Süßwasser auszuspülen. Ein Rest in Børges Thermosflasche genügt dazu. Anschließend hängen wir mein Paar Fäustlinge an der Zeltdecke auf, werfen zwei Brenner an und drehen die Flammen hoch. Für solche Notfälle haben wir zusätzliche Benzinreserven mitgenommen. Aber jetzt habe ich doch den Eindruck, dass wir Brennstoff verbrauchen, den wir zum Essenkochen benötigen. Nach eineinhalb Stunden fühlen wir uns wie in einer Sauna.

Mein Organismus ist wieder aufgewärmt, und das Blut zirkuliert wieder ungehindert durch meine Adern. Alles, was jetzt noch feucht ist, nehme ich mit in den Schlafsack und drücke es an mich, damit es vollends durchtrocknet. Das war ein harter Tag.

637 Kilometer vor dem Nordpol sacken wir in einen tiefen Schlaf.

Wir werden vom Pech verfolgt. Der nächste Tag lässt sich in jeder Hinsicht schlecht an. Zunächst mit Blick auf das Wetter: Der Sturm wütet noch stärker als am Vortag und hat sich zu einem der heftigsten entwickelt, die wir bislang überstanden haben. Wenn wir die Nase nach draußen stecken, wird uns sofort klar: Bei einer Sicht, die nicht weiter als bis zu den Skispitzen reicht, können wir unmöglich vorankommen.

Wir haben keine andere Wahl, als es uns im Zelt möglichst bequem zu machen und der Dinge zu harren, die da kommen mögen. Wir holen unseren MP-3-Player heraus. Ich höre meine Lieblingstitel Rock, Pop, Rhythm & Blues usw. Børge hört auf Norwegisch eine Lesung von Tolkiens *Herr der Ringe*.

Als ich mit der Hand über den Zeltboden taste, stoße ich auf die Sprühflasche mit dem Pfefferspray gegen Bären. Ich habe sie dort am Vorabend beim Leeren der Taschen meines Parkas abgelegt. Sie ist auch nass geworden: Um den Sprühknopf herum hat sich eine Eisschicht gebildet. In Gedanken kratze ich das Eis vom Knopf und drücke ihn versehentlich nieder! Daraufhin strömt das gesamte Reizgas aus und erfüllt das Zelt. Im Nu bleibt Børge und mir die Luft weg. Und wir sehen nichts mehr. Mit höllisch brennenden Augen und Lungen ringen wir nach Luft. Ob das Gas gegen Bären wirkt, haben wir noch nicht ausprobiert, aber gegen uns wirkt es mit durchschlagendem Erfolg.

Jeder drückt sich an seinen Zeltausstieg, um etwas Frischluft von draußen zu atmen. Uns wird so übel, dass wir uns beinahe übergeben müssen. Unser Rachen und unsere Luftröhre schwellen stark an. Es ist eine Ironie des Schicksals, dass das Gas, das die Bären hätte vertreiben sollen, uns aus unserer Unterkunft verjagt.

Eine Stunde später blicken wir mit scharlachroten Kaninchenaugen in unser Zelt, in dem die Luft noch immer unerträglich ist. Børge reagiert auf das Gas empfindlicher als ich. Ihm geht es so schlecht, dass er sogar vergisst, mich anzubrüllen. Aber wenigstens das gibt sich sicher bald.

Wohl schon in Kürze werden wir über den Zwischenfall lachen können, aber im Augenblick ist er überhaupt nicht lustig. Vor allem wenn wir daran denken, dass wir die Sprayflaschen gewöhnlich mit in den Schlafsack genommen haben, um sie im Fall eines nächtlichen Angriffs sofort zur Hand zu haben. Wenn uns so etwas im Schlafsack passiert wäre, hätte es noch viel üblere Folgen gehabt.

Jedenfalls habe ich mit dem heutigen Tag einen denkbar schlechten Zeitpunkt erwischt, um die Luft im Zelt zu verpesten. Wir müssen es in ihm noch einige Stunden aushalten.

Als sich gegen Mittag das Wetter etwas bessert, beschließen wir weiterzulaufen. Das müssen wir auch, wenn wir nicht erstarren wollen. Von Sauna ist keine Rede mehr: Meine Kleider sind wieder feucht geworden und steif gefroren. Wie neue Schuhe oder einen zu steifen Anzug werde ich sie erst einmal »einlaufen« müssen.

Der neuerliche Aufbruch kostet uns unerwartet große Überwindung. In solchen Extremlagen muss man nur eine oder zwei Stunden länger in der – relativen – Behaglichkeit des Zeltes und der – ebenso relativen – Wärme des Schlafsacks zubringen, und schon kann man sich kaum noch losreißen.

Wir machen uns mit dem Gefühl auf den Weg, dass wir einen kleinen Sieg errungen haben – einen über uns selbst.

Plötzlich bestätigt es sich: Dies ist nicht mein Tag. Und auch nicht das ideale Wetter, um mit Kleidern wie diesen herumzulaufen. Ab jetzt versagen sie mir ihre Dienste. Meine Schuhe sind durchgefroren und schrecklich steif, und meine feuchten Socken liegen wie Eiskompressen um meine Füße. Alles, was mich warm halten soll, ist durchnässt und eisig kalt. Das macht ein Gefühl, das man nur seinem Lieblingsfeind an den Hals wünschen kann.

Immer häufiger stoßen wir auf offene Wasserflächen. Wir zählen pro Stunde mindestens eine. Von Schnee bedeckt, können sie zur tödlichen Falle werden, vor allem wenn sie komplett zugeschneit sind. Wir müssen unsere Augen gewaltig anstrengen, um das Gelände zu erkunden, leichte Unebenheiten zu entdecken, eine Passage auszumachen oder herauszufinden, ob wir uns besser weiter nach rechts oder nach links vortasten sollen. Und all das in einer Finsternis, in der uns unsere Stirnlampen kaum nützen.

Wir stoßen auf eine Öffnung in der Eisdecke, über der sich eben erst eine Schicht neues Eis gebildet hat. Vorsichtig wagen wir uns hinauf. Es ist ganz uneinheitlich dick und zeigt eine tückische Eigenschaft, mit der wir bislang noch nicht zu tun hatten: In manchen Bereichen sieht das neue dünne und zerbrechliche Eis so aus wie altes, dickes und festes. Und weil es in Bewegung und dadurch zerbrochen ist, sind stellenweise Anhöhen aus geriffelten und abgeschrägten Eisbrocken entstanden. Wir beschließen, uns vorerst auf dickerem Eis in Sicherheit zu bringen. Am nächsten Tag müsste das instabile Eis fester geworden sein, sodass wir unnötige Risiken umgehen können. Obwohl wir wegen der südlichen Abdrift in sechs Stunden ganze vier Kilometer hinter uns gebracht haben, bleiben wir für heute an Ort und Stelle. Meine Finger in den Tiefkühlhandschuhen haben erneut Kälteschäden abbekommen. Ich muss sie unbedingt aufwärmen.

Am nächsten Tag, so heißt es, erwartet uns wenigstens ein günstiger Wind.

Am betreffenden Morgen enttäuscht – gelinde gesagt – übles Wetter mit starkem Nordostwind unsere Hoffnungen. Wir müssen sehen, wie wir weiterkommen. Die Sichtweite, die praktisch bei null liegt, und überall offenes Wasser können uns kaum Mut machen. Wenigstens fallen wir nicht zurück, sondern treiben nur nach Osten ab.

Wir beginnen den Tag, indem wir die vierhundert Meter des offenen Wassers durchqueren, in dessen Nähe wir die Nacht verbracht haben. Ganz offen ist es nur stellenweise, denn auch hier hat sich eine ganz dünne Schicht Eis gebildet. Noch im Zelt schlüpfen wir in unsere Anzüge. Auf allen vieren wagen wir uns auf dieses Eis. Und halten den Atem an. Es trägt nicht. Hintereinander schwimmen wir durch dieses Stück Polarmeer. Ohne nass zu werden. Einmal mehr geht unser Dank an unsere Anzüge!

In der Tagesmitte erhellt ein schwacher Schimmer die Atmosphäre. Zudem ebnet uns Schnee den Weg, indem er die Zwischenräume zwischen den Eisbrocken und dem Eisschutt ausfüllt. Wir gleiten auf einem richtigen Boulevard voran. Diese Chance nutzen wir und laufen, was wir können: 25 Kilometer in elf Stunden. Der Wind dreht nach Osten und flaut ab. Endlich bekommen wir den schönen Tag, den wir dringend nötig haben.

Obwohl schlechtes Wetter geherrscht hat, trübt kein Wölkchen die Stimmung zwischen Børge und mir, und daran ändern auch unsere unterschiedlichen Gewohnheiten und verschiedenen Stile nichts. Dass wir heute besser vorangekommen sind, hat zwischen uns einen gesunden Wettstreit entfacht – wie zwischen Sportlern im gleichen Team. Er wirkt auf uns beide positiv und spornt uns an.

Abends im Zelt, nach dem Match, tauschen wir müde Blicke aus, in denen sich Sportsgeist und Respekt spiegeln. Dann starren wir mit leeren Augen in das brodelnde Wasser fürs Abendessen. Dies ist eindeutig der schönste Moment des Tages. Wenn alles zur Ruhe kommt. Wenn die Spannung nachlässt und die Strapazen vergessen sind. Wir fühlen uns wie Reisende, die in einer Herberge nachts am offenen Kamin sitzen – nach langer und schwieriger Fahrt.

Ich denke an das *cabin fever*, den Hüttenkoller, der in den Wintermonaten bei den Inuit grassiert. Die endlose Dunkelheit raubt einem jeden Nerv und vielleicht auch den Verstand. So weit sind wir noch nicht. Wir halten schon deshalb so gut durch, weil wir die Nacht, die uns 24 Stunden am Tag umgibt, nicht als eine üble Jahreszeit, sondern als eine Herausforderung ansehen, die wir aus freien Stücken gewählt haben.

Kapitel Dreizehn

Hoffentlich hält es …

Vor 36 Tagen sind wir gestartet. Der Südostwind bläst mit acht Metern pro Sekunde, und wir treiben leicht nach Nordosten ab. Zwei Spalten mit offenem Wasser, die auf unserem Weg liegen, sind eher harmlos und zwingen uns nicht, in die Fluten zu steigen. Der Himmel ist klar, auch wenn überall Schnee herumwirbelt. Für drei Stunden ist es sogar so hell, dass wir uns den Luxus gönnen und unsere Stirnlampen ausmachen können. Wir nutzen die günstigen Bedingungen für ein Rennen. Mit dem verbliebenen Proviant und bei der noch vor uns liegenden Strecke – diese Gleichung behalten wir ständig im Kopf – müssen wir durchschnittlich 19 Kilometer pro Tag zurücklegen, um jedes Risiko zu vermeiden, dass uns die Lebensmittel ausgehen.

In elf Stunden kommen wir dreißig Kilometer voran.

Heute sind wir noch 574 Kilometer vom Pol entfernt. Ungefähr bei dieser Distanz musste ich bei meiner Polexpedition 2002 aufgeben. Damals wurde ich mich mit erfrorenen Fingern vom Eis geholt. Es bereitet mir eine echte Genugtuung, diese Marke jetzt hinter mir zu lassen und zu wissen, dass diesmal alles gut gehen wird.

Jedenfalls für uns. Aber vielleicht nicht für unseren Planeten.

Augenblicklich herrschen vier Grad unter null. Das ist für den arktischen Winter außergewöhnlich mild. Es ist eine Folge der Erderwärmung, die Extreme verschärft, vor allem in den Polregionen. Wenn es hier wärmer wird, wird es gleich *sehr viel* wärmer. Und wenn es kälter wird, wird es *sehr viel* kälter. Ich vergleiche dieses Phänomen mit einem Zimmer, in dem die Heizung voll aufgedreht ist. Wenn man vor Hitze schier umkommt, reißt man im ersten Antrieb alle Fenster und Türen auf. Die Pole bringen dem übrigen Planeten Kühlung: Wenn dieses Kühlaggregat aber ausfällt …

24 Stunden später fällt die Temperatur wieder jäh ab. Bei eisigen Böen sinkt sie auf – 40 °C! Diesmal begibt sie sich klar *unter* den jahreszeitlichen Durchschnitt, der zwischen – 25 und – 30 °C liegt. In der klirrenden Kälte, die uns in alle Knochen kriecht, werden unsere Bewegungen schwerfälliger. Alle Abläufe verlangsamen sich. Es fehlt nicht viel, und sie werden so langsam, dass wir beiden Irrsinnigen, die die Natur herauszufordern wagen, zu Statuen aus Eis erstarren – und auf diese Weise enden. Es braucht wenig Phantasie, um sich vorzustellen, wie wir in der Haltung von Skilangläufern in unseren roten Parkas erstarrt in der Eislandschaft stehen, bis uns irgendwann eine Expedition findet. Vielleicht würden die Teilnehmer beschließen, uns vor Ort zu lassen, als Warnung an alle, die sich nach uns hier hineinwagen, als Mahnmal, wie die gefrorenen Leichen der verunglückten Gipfelstürmer, die an den Hängen des Himalaya liegen.

Wenn wir so nicht enden wollen, müssen wir den ganzen Tag über in Bewegung bleiben. Wir erzwingen unser Glück. Wir finden Passagen durch das zerbröckelte Eis und gehen buchstäblich über Wasser. Eine Stunde nach unserem Aufbruch am Morgen zeigt sich bereits ein so heller Schein, dass wir auf unsere Lampen verzichten können. Wir werden sie erst zwei Stunden vor unserem abendlichen Stopp wieder anschalten.

Sind wir ab jetzt schneller als die Bären und entdecken sie, bevor sie uns entdecken? Im matten Licht tauchen zahlreiche Spuren auf. Ich fotografiere die ziemlich frischen eines Muttertiers mit Nachwuchs. Das Junge ist schwach und zieht die Tatzen nach. Der geradlinige Verlauf der Spuren zeigt, dass sie Witterung aufgenommen haben und dass Beute lockt. Die hat das Junge offensichtlich dringend nötig. Die Spuren verlaufen dicht nebeneinander. Beim Gehen schmiegt es sich an seine schützende und wärmende Mutter an.

Das erinnert mich unweigerlich an uns beide, an Børge und mich. Bisweilen lehnt sich der eine an den anderen an. Abwechselnd spielen wir Bärenmutter oder Jungbär.

Nach einer Tagesleistung von dreißig Kilometern, von denen wir drei einer günstigen Abdrift verdanken, haben wir den 85. Breitenkreis passiert. Und immer öfter überschreiten wir Längenkreise, weil sich diese zum Pol hin immer stärker einander annähern.

Sturmböen aus dem Norden haben das Eis zusammengeschoben und drängen es weiter ab. Die eisfreien Flächen werden seltener und schmaler, aber noch immer ist alles in Bewegung und treibt mit uns ab.

Dank der zunehmenden Helligkeit kommen wir jetzt vom Vormittag bis zum Spätnachmittag ohne Stirnlampen aus und können uns im Halbdunkel mit bloßem Auge orientieren. Wir erkennen Erhebungen: Sie sind chaotisch und unregelmäßig, bilden aber keine Hindernisse, die uns noch bremsen könnten. Der Ostwind, der mit fünf Metern pro Sekunde bläst, ist weniger schneidend als am Vortag. Als er abflaut, wird es milder: erträgliche − 28 °C.

Spuren mit Krallen kreuzen unseren Weg. Dem Alter der Spuren nach müssten diejenigen, die sie hinterlassen haben, längst über alle Berge sein.

Mit den 25 Kilometern, die wir in elf Stunden zurückgelegt haben, laufen wir einen ausgezeichneten Schnitt. Für heute ist es genug.

Bevor wir uns in unsere »Suite« zurückziehen, werfen wir staunend einen Blick auf unsere Umgebung. Am Südhorizont leuchtet ein magisches bläulich-violettes Licht mit einem Zipfel Rot auf. Wir hatten das Sonnenlicht oder besser, das künftige Licht der Sonne, die sich erstmals wieder im Süden zeigen wird, von Anfang an im Rücken.

Wir haben beschlossen, unsere Expedition bei Dunkelheit durchzuführen. Dass wir von Süden nach Norden laufen, verlängert für uns die Polarnacht. Aber sobald die Sonne aufgeht, werden wir entschädigt. Denn als »Mitternachtssonne« sehen wir sie dann auch im Norden in ihrer vollen majestätischen Pracht.

Durch die Erfrierungen hat sich das Gewebe unter meinen Daumennägeln infiziert. Ich habe höllische Schmerzen und wärme meine Finger am Kocher auf. Es nützt nicht viel. Meine Daumen sind gewaltig geschwollen. Ich drücke große Mengen Eiter aus ihnen heraus. Mit einer antibiotischen Salbe hoffe ich, wenigstens die Infektion in den Griff zu bekommen.

Meine Erfrierungen, die Probleme mit der Ausrüstung und das Leben zu zweit auf engstem Raum – alles was wir seit Beginn der Expedition freiwillig oder notgedrungen teilen, hat dazu geführt, dass sich unser jeweiliger »Privatbereich« aufgelöst hat. Jetzt gibt es nur noch einen gemeinsamen Bereich für uns beide: das Zelt.

Am deutlichsten zeigt sich das an der Art, wie wir inzwischen unsere Bedürfnisse verrichten. Anfangs verschwand jeder von uns nach draußen. Dann nutzte jeweils einer die »Vorhalle«, während der andere draußen Dinge erledigte – vornehmlich morgens, damit wir unbeschwert unseren täglichen Lauf antreten konnten. Mit einem rasch in den Schnee gegrabenen Loch wurde die Sache erledigt. Aber in der Eile klappte es häufig nicht immer ganz mit der Entleerung, und das hatte unangenehme Folgen.

Inzwischen hat sich die Verrichtung ins Zelt verlagert und findet dort zu zweit statt. Wir sitzen beide auf unserer jeweiligen Seite und reden normal miteinander. Das ist Teil unseres morgendlichen Rituals. »Nichts geht über den Gestank von Kacke nach dem Aufwachen!«, scherzen wir wie ungehobelte Gesellen.

Einen intimeren Umgang können zwei Heteros kaum miteinander pflegen.

Wir haben den Eindruck, auf der Stelle zu treten: Bei – 31 °C kleben unsere Schlitten am Schnee geradezu fest, wenn sie nass geworden sind. Und immer wieder stellen sich uns Grate aus aufgetürmtem Packeis in den Weg. Wir suchen nach einer Passage oder nehmen stundenlange Umwege in Kauf.

Und damit nicht genug: Irgendwann gibt plötzlich Børges linker Ski den Geist auf. Die Stahlkante hinter der Bindung ist kaputt. Børge läuft mit dem Ersatzski von Salomon weiter. Am nächsten Tag ist ein Boxenstopp für die Reparatur fällig. Andernfalls geht der Riss immer tiefer, bis der Ski in zwei Teile zerspringt.

»Das ist das erste Mal, dass mir ein Ski kaputtgeht«, wundert sich Børge und argwöhnt einen Fabrikationsfehler. Das glaube ich auch, denn meine Bretter zeigen an der gleichen Stelle ebenfalls Ermüdungserscheinungen. Børge nimmt sofort seinen Ausrüster in Schutz: Ein solcher »Betriebsunfall« sei angesichts der Extremtemperaturen und der besonders starken Beanspruchung geradezu vorprogrammiert. Ich meine, dass so etwas gerade nicht passieren darf. Schon gar nicht mit Material, das eigens für diese Expedition gefertigt worden ist.

Børge ist dafür, dass wir unsere Skier beide an der gleichen Stelle verstärken. Ich bin nicht begeistert: So eine Reparatur kostet viel Zeit und könnte dazu führen, dass unser Proviant am Ende doch noch ausgeht. Und meine Skier machen im Augenblick noch einen ganz passablen Eindruck. Ich bin auch jetzt wieder mehr für eine Reparatur *nach* dem Schadensfall oder zumindest bei den ersten Anzeichen, dass es wirklich einen Schaden gibt. Wenn wir anfangen, etwas vorbeugend zu reparieren, können wir gleich die gesamte Ausrüstung von Hand verstärken.

Børge macht sich folglich allein ans Werk. Er hat vor, die Bindungen von drei unserer vier Skier um fünf oder sechs Zentimeter nach hinten an die Stelle zu versetzen, wo sein Ski gesprungen ist, und damit das Hauptgewicht zu verlagern, das auf dem Brett lastet. So hofft er den Riss, den er im Inneren aller Skier vermutet, fixieren zu können. Schon dieser Eingriff kostet einige Arbeit. Aber Børge begnügt sich nicht mit Halbheiten, sondern macht sich gleich ans große Werk: an eine Vollreparatur seines beschädigten Skis. Von dem sägt er zunächst hinten ein 25 Zentimeter langes Stück ab, an das er dann die Bindung anschraubt. Dann kommt das Schwierigste: Er muss dieses Stück wie eine Schiene über der Bruchstelle an seinem Ski so festmachen, dass beide Elemente dauerhaft und belastbar zusammenhalten. Mangels Schrauben bohrt er – wieder mit seinem Handbohrer, der an einen Korkenzieher erinnert – 16 Löcher in den Ski und dessen Verstärkungsbrett. Mit Schnürsenkeln – seine seien besonders reißfest, meint er – »näht« er dann beides fest aneinander.

Volle *elf* Stunden braucht er für diese Arbeiten, also länger, als wir an einem gewöhnlichen Tag laufen. Derweil führe ich einige kleinere Näharbeiten durch. An meinem Parka und meiner Daunenjacke haben sich die Reißverschlüsse gelöst.

Erst am nächsten Tag wird sich im Gelände erweisen, ob diese Reparatur tatsächlich etwas taugt. Børge versichert jedenfalls, dass sie solide sei und die Laufeigenschaften des Skis kaum negativ beeinflussen werde. Jetzt muss mein schweigsamer Kamerad nur noch den Beistand der Wikingergötter erbitten, damit es wirklich hält. Und damit er vor allem nicht die gleiche Arbeit auch noch an den drei anderen Skiern durchführen muss.

Hat Børge seinen Ausrüster zunächst in Schutz genommen, so will er ihm jetzt nach der Rückkehr kräftig den Marsch blasen: Inzwischen ist ziemlich klar, dass der ihn hinters Licht geführt hat. Die Skier, angeblich eine Sonderanfertigung und für diese Expedition extra verstärkt, sind offenbar ganz gewöhnliches Serienmaterial. Im Ernst: Wenn dem so ist und wenn sich Børge allein in dieses Abenteuer gestürzt hätte, hätte das verhängnisvoll ausgehen können. Sein Ausrüster hätte ihn dann auf dem Gewissen gehabt. Wenn uns auf solchen Touren unsere Ausrüstung im Stich lässt, kann uns keiner mehr helfen.

Aber Schluss mit den finsteren Gedanken. Wenn wir Champagner dabeihätten, könnten wir an diesem Abend die Korken knallen lassen. Denn mit den zwanzig Kilometern, die wir in zehneinhalb Stunden zurückgelegt haben, haben wir auch die symbolische Marke der fünfhundert Kilometer geknackt.

Mit anderen Worten: Jetzt liegt die Hälfte der Strecke hinter uns. Und sogar ein wenig mehr. Vom Pol trennen uns noch ganze 495 Kilometer.

Kapitel Vierzehn

Das Pech von Thomas Ulrich

Während wir uns 86 Grad nördlicher Breite nähern und auf vierhundert Kilometer an den Pol heranrücken, spielt sich ein Drama ab, das uns bis in unsere abgekapselte Welt fernab jeder Zivilisation verfolgt.

Georges und Thomas haben ebenfalls beschlossen, sich zum Pol aufzumachen. Und bei beiden geht dieses Abenteuer unterschiedlich aus.

Georges Baumann kommt aus dem bekannten Nobelferienort Gstaad, ungefähr zwanzig Kilometer von meinem Heimatort entfernt. Er hat beschlossen, den Nordpol zu erobern, und sich diese Expedition, soweit ich weiß, sehr viel kosten lassen. Als er am Kap Artichesky ankommt, findet er die Eisdecke doch zu instabil und die Bedingungen insgesamt eher ungünstig. Und so beschließt er, sich auf dieses Abenteuer lieber doch nicht einzulassen. Er hatte die Schwierigkeiten wohl unterschätzt. Angesichts der Gefahren verhält er sich nach der Ankunft am »Kap A« genau so, wie es die russischen Hubschrauberpiloten von uns erwartet haben: Er fliegt wieder mit zurück. Meiner Meinung nach ein sehr kluger Entschluss.

Besorgniserregend ist dagegen die Lage des Bergsteigers Thomas Ulrich. Er ist ein alter Freund von Børge.

Mit ihm hat er 2004 die Gletscher von Südpatagonien überquert, die nach den antarktischen und den grönländischen die drittgrößten Eismassen der Erde sind. Børge hat ihm während der Expedition von seinem Plan erzählt, mit mir im Polarwinter zum Nordpol vorzustoßen.

Thomas wollte sich uns anschließen. Ich habe vor ihm als Bergsteiger größten Respekt, hatte aber den Eindruck, dass er zum Erfolg unseres Projekts nur wenig würde beitragen können. Und ich wollte mich dieser Herausforderung lieber allein mit Børge stellen, der seinerseits diese Extremtour nur mit mir in Angriff nehmen wollte. Wir beschlossen folglich gemeinsam, Thomas' Angebot dankend abzulehnen. Statt aufzugeben, beschloss Thomas nun, allein loszuziehen. Und die Arktis von Sibirien über den Nordpol bis Kanada zu durchqueren. Das ist bislang nur Børge gelungen. Thomas ist am liebsten in den Bergen. Womöglich hätte er es erst einmal mit einem »einfachen« Marsch zum Pol versuchen sollen.

Ungefähr einen Monat nach unserem Start setzen Thomas Ulrich und Georges Baumann in einem Hubschrauber auf dem Eis am Kap Artichesky auf. Während Baumann zurückfliegt, bleibt Thomas Ulrich vor Ort. Mit einem Blick auf die Satellitenkarten schätzt er das Eis und die übrigen Verhältnisse als optimal ein, auch deshalb, weil es am Kap, sechshundert Kilometer von unserem augenblicklichen Standort entfernt, bereits wieder hell wird.

Und er stürzt sich in die Gefahr. Vier Tage später treibt er in Seenot auf einer Eisscholle von der Größe eines Fußballplatzes auf dem Polarmeer. Kaum hatte er einen Fuß auf das Eis gesetzt, trug der Wind sein Schlauchboot davon. Und die anrennenden Wellen schlugen das Eis in Stücke. Wie ein Schiffbrüchiger sitzt er jetzt auf seiner Scholle fest und ist den Launen des Ozeans ausgeliefert.

Seine Lage ist katastrophal. Er ruft unseren gemeinsamen Freund Viktor Boyarsky zu Hilfe, der ihm bei den Vorbereitungen zu seiner Expedition geholfen hat. Viktor nimmt Kontakt zu den Teams in Norilsk mit der Bitte auf, Thomas zu bergen. Die Russen lehnen zunächst ab: Bei schlechtem Wetter können die Hubschrauber nicht starten. Nach langem Hin und Her heben sie schließlich doch ab. Eine der spektakulärsten und dramatischsten Rettungsaktionen in der Geschichte der Arktis beginnt.

Das hat Børge und mir noch gefehlt. Das Drama um die Bergung von Thomas drückt unsere Stimmung in den Keller. Jeden Abend teilt uns Hans, der Thomas' Expedition gemanagt hat und ihm (und gelegentlich auch uns) Wetterdaten liefert, neue Einzelheiten mit. Seine Kurzmitteilungen, die uns per Mailbox erreichen, lassen uns erschauern: »Thomas treibt in Seenot auf dem Eis« – »Thomas in Lebensgefahr« …

Während sein Freund Hilferufe absetzt, macht Børge sich heftigste Vorwürfe. »Hätten wir ihn bloß mitgenommen«, glaubt er, »dann wäre er jetzt nicht in Lebensgefahr.« Er hält Verbindung mit dem Leiter der Rettungsaktion, der ihn bis ins Kleinste auf dem Laufenden hält. Schließlich erfasst das Unbehagen auch mich. Wenn er es nicht schafft …

Zum Glück kann das Schlimmste abgewendet werden. Am Ende finden die Russen Thomas. Trotz des scheußlichen Wetters gelingt eine heldenhafte Rettungsaktion. Thomas verdankt sein Leben neben den geschickten Piloten auch einer Riesenportion Glück. In den Breiten, in denen er hilflos treibt, ist es schon wieder hell geworden, sodass ihn die Hubschrauber suchen konnten. Außerdem war er im Augenblick der Katastrophe noch auf der Höhe von Kap Artichesky und sogar etwas südlich davon.

Sein Abenteuer wird er später ausführlich in einem Artikel im *National Geographic Adventure* darlegen, und die Medien werden sich sehr dafür interessieren.

Trotz des Scheiterns kann Thomas sich glücklich schätzen: Er lebt noch. Andere hatten weniger Glück. So ist die Französin Dominique Arduin im März 2004 auf dem Weg zum Nordpol in der Arktis verschollen.

Kapitel Fünfzehn

Tanz mit den Bären

Das Flickwerk hält! Børge läuft mit einem Ski, der kürzer ist als der andere, offenbar völlig unbeeinträchtigt. Das Eis ist gut. Trotz einiger offener Stellen im Eis, die wir überqueren, ohne nass zu werden, eilen wir weiter unserem Ziel entgegen. Darüber sind wir schon deshalb glücklich, weil die Thermometeranzeige auf – 35 °C gefallen ist.

Im Gegensatz zur landläufigen Meinung sind die Schwankungen der Temperaturen auf dem Packeis oder im hohen Norden auch im unteren Bereich noch spürbar. Wir merken sofort den Unterschied zwischen – 30 und – 35 oder zwischen – 35 und – 40 °C.

Noch drastischer spüren wir ihn im Zelt, wenn wir uns nicht mehr beim Laufen aufwärmen können. Der klirrende Frost macht die einfachsten und alltäglichsten Aufgaben noch komplizierter. Sobald an den nassen Schlitten der Schnee festbackt, friert im Zelt alles an den Metallteilen fest, und die werden auch noch brüchig. An diesem Abend habe ich beispielsweise Schwierigkeiten mit meinem Satellitentelefon. Dann eben nicht, denke ich, und verschiebe die Aktion auf morgen.

In der Nacht springen wir plötzlich buchstäblich synchron aus unseren Schlafsäcken. Es ist nicht das gedämpfte Piepsen des Weckers, das uns geweckt hat. Und auch nicht das »*Time*«, das Børge in seinen Bart brummt. Vielmehr hat uns ein Bär aus dem Schlaf gerissen! Er ist ganz nah! Er steht fast in unserem Zelt!

Ganz vorsichtig stecken wir den Kopf hinaus, damit er ihn uns nicht gleich abreißt. Ein Tatzenhieb würde genügen. Der Petz ist jung. Er hat die Plane auf meinem Schlitten zerrissen und wühlt mit seiner Schnauze in meinem Proviant. Als er uns bemerkt, erschrickt er – zu Recht! – und macht sich unverrichteter Dinge aus dem Staub.

Kaum haben wir das Lager abgebrochen und uns auf den Weg gemacht, stellen wir fest, dass der Bär uns folgt. Ein seltsames Spiel beginnt, das uns einen Teil des Tages beschäftigt. Der Bär versteckt sich und beobachtet uns. Dann legt er sich vor uns auf das ebene Eis, wartet, bis wir näher kommen, und schleicht ein Stückchen weiter.

Als wir bis auf ungefähr zwanzig Meter an ihn herangekommen sind, ruft ihm Børge zu: »Verschwinde! Wir lieben dich, aber nur aus der Ferne!«

Der Bär gehorcht und verschwindet zwischen Schneewehen. Aus dieser strategisch günstigen Position kann er uns weiter beobachten.

Er ist eher neugierig und hungrig als angriffslustig. Ich sehe keine große Gefahr. Aber er könnte unser Zelt zerreißen oder sich nochmals über unsere Vorräte hermachen. Außerdem ist keineswegs sicher, dass er allein ist.

Dieser Bär macht einmal mehr deutlich, wie weit sich der natürliche Lebensraum seiner Artgenossen inzwischen verschoben hat. 87 Grad nördlicher Breite liegt doch weit oder sogar sehr weit von ihrem eigentlichen Verbreitungsgebiet entfernt. Weiter südlich jedoch, in den

Küstenregionen des Festlands, wo sie ursprünglich lebten, ist das Eis so weit abgeschmolzen, dass sie kaum noch jagen können: Die Robben tauchen jetzt weit vor der Küste – und damit außerhalb ihrer Reichweite – zum Luftholen aus dem Wasser auf. Eisbären, die sich früher so weit nach Norden verirrten, liefen in ihr sicheres Verderben. Heute sind sie dort auf Nahrungssuche unterwegs.

Unser Verfolger, der uns stundenlang auf den Fersen bleibt, hält uns ziemlich auf: Wir werfen immer wieder Blicke nach hinten, halten nach ihm Ausschau, sind besorgt, wenn er verschwindet, und halten uns in ständiger Bereitschaft, um ihn einzuschüchtern und zu vertreiben. Kurz, er stört und kostet Kräfte, die wir zum Weiterkommen brauchen. Um ihn uns vom Leib zu halten, schießen wir zwei Leuchtgeschosse in seine Richtung ab. Er bleibt völlig unbeeindruckt und rührt sich nicht von der Stelle. Als wir ein drittes Mal schießen, stürzt er sich auf das Geschoss und beißt hinein.

Mit dem Bären im Schlepptau setzten wir unseren Weg fort. Wenn wir ihn nicht abschütteln können, haben wir ein Problem: Wie sollen wir lagern, wenn er uns weiter bedrängt? Müssen wir abwechselnd an den Schlitten Wache schieben?

Zwei Stunden vor Ende unseres Tagesmarschs gibt er schließlich auf. Wir hoffen, dass er den Weg zurück nach Süden an die Robbenlöcher findet und uns in Ruhe schlafen lässt.

Die Temperatur steigt im Tagesverlauf um vier bis fünf Grad an. Das Eis wird von Tag zu Tag fester und gleichförmiger, aber die offenen Wasserflächen sind noch immer zahlreich. Sie überfrieren bei diesen Temperaturen schnell, aber auf der dünnen Eisschicht, die sie bedecken, machen wir uns jede Sekunde auf ein fatales Krachen gefasst.

Wenn man bedenkt, dass sich Bären mit einem Gewicht von über einer halben Tonne mit schlafwandlerischer Sicherheit über dieses Eis bewegen … Mit ihren Tatzen verteilen sie ihre Körperlasten instinktiv richtig.

Unser Tandem funktioniert inzwischen wie ein gut geöltes Getriebe. Ich habe dem »König der Arktis« einen zweiten Ehrennamen verliehen: »König des Packeises« – so meisterhaft beherrscht er die Kunst, im Eis zu lesen, sich durch kleinste Durchlässe zu zwängen und die ideale Passage auszutüfteln.

Wenn er an offenem Wasser oder an einem der zahlreichen Berge aus Packeis anlangt, ruft er mich zuweilen. Wenn ich zu ihm aufgeschlossen habe, studieren wir gemeinsam die Formation und denken beide darüber nach, wie wir das neuerliche Hindernis überwinden können. Manchmal vergleichen wir unsere Ideen miteinander. »Mein Weg ist besser, weil …« – »Nein, meiner taugt mehr, weil …« Aber die Meinungsverschiedenheiten gehen nie so weit, dass wir laut werden. Auf diesem Gebiet hat übrigens meist Børge recht.

Ich bin noch immer der »Navigator«, der Spezialist, der die Stellung des Mondes oder der Sterne ausdeutet, in der Struktur der Untergrunds liest, Schlüsse aus der Windrichtung zieht usw. Wenn Børge die Führung hat, dreht er sich oft nach mir um und fragt:

»Stimmt die Richtung noch?«

Und ich antworte zum Beispiel: »Drei Grad weiter nach West ... oder zwei Grad weiter nach Ost« usw.

Und er korrigiert daraufhin den Kurs.

Ohne anzugeben, können wir behaupten, dass wir ein hervorragendes Team sind. Wir hätten unsere anfänglichen Schwierigkeiten besser gemeistert, wenn wir gleich so gut harmoniert hätten. Aber wenn wir es gleich ganz leicht hätten haben wollen, wären wir gar nicht erst hier.

Unser Bär vom Vortag ist wieder da! Wir erkennen ihn sofort. Und um gleich richtig gute Laune zu machen, zerfetzt er die Plane meines Schlittens.

Ich flicke sie rasch, und weiter geht es unter den Peitschenhieben eines Ostwinds und bei Temperaturen, die wieder in den Keller gesaust sind. Für unsere Hände und Füße bedeutet dies erneut Alarmstufe Rot. Um den Schmerz in meinen Fingern zu betäuben, nehme ich Aspirin, nur eine halbe Tablette, um keine Magenschmerzen zu bekommen, und ein gefäßerweiterndes Mittel, auch das sparsam, weil ich nur eine Packung davon dabeihabe. Der Zustand meiner Daumen scheint stabil, aber bei dieser Extremtemperatur kann sich das ganz schnell ändern.

Ärger droht auch von unserem Petz, der sich erneut an unsere Fersen geheftet hat. Er hat inzwischen so viel Vertrauen gefasst, dass er immer näher kommt. Als sich der Abstand zwischen uns auf drei Meter verkürzt, wird Børge und mir leicht unwohl. Diesmal können wir ihn mit einem Leuchtgeschoss vertreiben. Fürs Erste.

Statt seiner taucht eine Stunde später ein Muttertier mit zwei Jungen auf. Wir sind schlagartig sehr angespannt.

Bärenmütter können besonders bösartig werden und sich in reißende Bestien verwandeln, sobald sie ihren Nachwuchs bedroht sehen. Gefahr droht Jungbären dabei meist nur vom eigenen Vater, der sich bei erster Gelegenheit auf sie stürzt und sie tötet. Dann wird die Bärin wieder paarungsbereit und reagiert eher auf seine Annäherungsversuche. Die Weibchen sind also ständig auf der Hut und jederzeit angriffsbereit. Unser Muttertier beäugt argwöhnisch jede unserer Bewegungen, während ihre Jungen auf uns zutrotten. Als kleine Erdenbürger vermeiden Børge und ich jede unbedachte Gebärde, die falsch interpretiert werden könnte.

Es sind wunderschöne Tiere, gesund und gut genährt. Ich glaube, sie sind vor allem neugierig. Kein Wunder: Zweibeiner trifft man in diesen Gefilden nur selten.

Zwei Stunden lang bewegen wir uns über Eis, das so dünn ist, dass wir den Ozean darunter sehen, uns aber trotzdem trägt. Es geht nur darum, dass wir die überall verstreut liegenden kleinen offenen Seen meiden, die massenhaft Bären anziehen, wenn man den zahlreichen Spuren glauben darf.

Als ich den kanadischen hohen Norden durchquerte, konnte ich immer wieder fasziniert Bären beobachten, die ihre Beute aus dem Wasser zogen. Mit einem einzigen Hieb ihrer Krallen, die so lang wie menschliche Finger sind, schlitzen sie die Robben der Länge nach auf. Wenn sich deren Fett auf das Eis ergießt, machen sie sich darüber her, um kälteisolierenden Speck anzusetzen. Das Fleisch überlassen sie großzügig den Polarfüchsen oder kleineren Fleischfressern der Arktis.

Wir müssen zugeben, dass uns die Polarbären inzwischen durch ihre schiere Anzahl das Leben etwas sauer machen. Angelockt von unserem Proviant, streifen sie ständig um uns herum. Weil wir dauernd auf unsere kostbaren Lebensmittel aufpassen müssen, können wir uns kaum auf den Weg konzentrieren.

Und wir schlafen nur noch mit einem Auge. Die Schlitten sind so dicht am Zelt »geparkt«, dass ein Bär, der seine Schnauze hineinsteckte, mit seinen Zähnen und Krallen bis auf fünfzig Zentimeter an unsere Köpfe herankäme. Ein ziemlich beängstigender Gedanke, von so einem Raubtier geweckt zu werden. Wenn wir sein Brummen, das Scharren seiner Krallen und seinen zischenden Atem hören, schrumpfen wir sofort auf unsere eigentliche Größe auf dem Eis zusammen – eine winzige.

Mir hat die Natur schon immer mehr Respekt eingeflößt als alles andere. Nur sie kann die Menschen wieder Demut lehren. Naturkatastrophen machen dies regelmäßig deutlich. Professionelle Abenteurer wie wir tun gut daran, sich darauf zu besinnen, wozu die Natur fähig ist. Seit Beginn dieser Expedition hat sie uns immer wieder aufgehalten, indem sie uns sozusagen den Boden unter den Füßen weggezogen hat. Am Ende hat sie unser Tempo bestimmt.

Und die prachtvollen Raubtiere, die Tag und Nacht um uns herumstreichen, sind eine weitere ihrer Warnungen an uns: »Ihr lebt noch, weil ich es zulasse. Ihr kommt nur so schnell voran, wie ich will.«

Tatsächlich sind die 25 Kilometer, die wir an diesem Tag zurücklegen, eine schwierige Strecke angesichts der

Bären, die uns zu höchster Wachsamkeit zwingen, und bei einer Kälte, die jede Bewegung zum Hochleistungssport macht.

Ganz ehrlich: Wenn es etwas milder würde, wäre uns sehr gedient. Aber mit unserem Proviant sind wir im grünen Bereich. Sorge bereiten uns nur die Skier. Hoffentlich halten sie durch!

Kapitel Sechzehn

Der 26-Stunden-Tag

Der Himmel hat sich zugezogen, der Wind ist etwas abgeflaut, und die Temperatur ist auf − 30 °C angestiegen. Ein
wahres Glück! Nachdem wir an diesem Morgen fast
unsere gesamte Bekleidung übergezogen haben, bevor
wir losgezogen sind, müssen wir jetzt einige Zwiebelscha-
len wieder abstreifen.

Der Wind flaut noch stärker ab und dreht auf Südost.
Ein kleiner Anschub von hinten tut immer gut. Ein rötli-
cher Schimmer am Horizont erspart uns den Einsatz unserer Stirnlampen. Wir haben den Eindruck, als würden wir
schneller vorankommen, als würde mit diesem verhei-
ßungsvollen Glanz plötzlich alles leichter. Und so ist es
auch. Das »Licht am Ende des Tunnels«, das wir zu sehen
meinen, verleiht uns Flügel. Sie helfen uns über das ebene
Eis auf einigen überfrorenen »Seen«, die sich in Nord-
Süd-Richtung erstrecken, tragen uns aber nicht über die
aufgeworfenen Zonen aus Packeis, die dahinter auftauchen. Mit einer Höhe von fünf bis sechs Metern bilden
diese durchschimmernden Eismassen wundersame Labyrinthe. Sie zwingen uns, ihr Geheimnis zu ergründen,
bevor sie uns den Weg freigeben.

Liegt das Bärenland endlich hinter uns? Wir erspähen

keine Schnauze mehr hinter einer Schneewehe und finden an den Rändern von Wasserlöchern auch keine Abdrücke von krallenbewehrten Tatzen. Haben die Tiere endlich die Botschaft unserer Leuchtgeschosse begriffen? Wenn ja, dann schlafen wir tiefer. Und mein Tag beginnt nicht mehr mit dem Flicken meiner Schlittenplane.

Das wäre gut so. Denn allmählich macht sich bei uns die Erschöpfung breit. Nach zehn Stunden Lauf am Tag reicht unsere Kraft gerade noch, um unser Zelt aufzustellen, den Schnee von den Kleidern zu bürsten, das Abendessen zu kochen und es zu verschlingen. Dann sacken wir in den Schlaf.

Aber das ist nicht der Augenblick, schwach zu werden. Als wir nur noch 392 Kilometer vom Pol entfernt sind, kündigt der Wetterbericht Winde aus Norden an, die uns direkt ins Gesicht blasen und uns wieder zurücktreiben werden.

Obwohl im totalen Weiß die Sicht gegen null geht, kommen wir an diesem 7. März auf der ebenen Eisfläche einer überfrorenen Spalte, die direkt nach Norden verläuft, mehrere Stunden lang ideal voran. Dabei profitieren wir auch noch von einer leichten Abdrift von 0,3 Kilometern pro Stunde in die richtige Richtung und vom Rückenwind. Alles zu schön, um lange zu währen. In einer Kollisionszone türmen sich vor uns überirdisch wirkende gigantische Klötze auf. Im Untergrund und an der Oberfläche des Eises herrscht noch immer Aktivität: Es quietscht, knirscht und kracht ständig, als erwache ein gigantisches Ungetüm. Obwohl es direkt unter uns arbeitet, lassen wir uns nicht beirren: Der Boden scheint so fest, dass keine unmittelbare Gefahr besteht. Ärgerlich ist allerdings, dass uns diese gigantischen Barrikaden, die im Turbogang nach oben wachsen, den Weg abschneiden. Immer wieder müssen wir umkehren und uns einen Weg außenherum suchen. Den Großteil des Tages beschäftigen wir uns damit, aus der Kollisionszone herauszukommen, und dabei verlieren wir wertvolle Stunden.

Aber das macht nichts. Wir sind immer noch gut in Form, und im Augenblick macht unsere Ausrüstung keine Probleme. Wir bleiben allerdings wachsam.

Noch immer kein Bär in Sicht. Und auch sonst nichts. Nur wir zwei, die wir Meter um Meter in dieser Einöde, deren eisiger Glanz uns immer wieder überwältigt, unsere Skispuren über den Untergrund ziehen. Ich hoffe, dass unsere Fotos wenigstens einen vagen Eindruck von dieser atemberaubenden Kulisse geben können.

Wieder ein »nächtlicher Tag«, an dem die Sichtweite gegen null geht. Aber diesmal weht uns ein heftiger Nordwind entgegen. Er legt sich im Tagesverlauf, während die Temperatur immer weiter und bis auf $-15\,°C$ ansteigt. Eine seltsame Entwicklung, die uns auch etwas beunruhigt. Es ist wie die Ruhe vor dem Sturm. Nach der Wettervorhersage stehen wir vor einem drastischen Temperatursturz, der mit heftigen Luftströmungen einhergeht. Auf meine Finger kommt eine harte Zeit zu.

Einstweilen spielen wir im Labyrinth des Packeises weiter Verstecken, machen aber trotzdem einen guten Schnitt: 26 Kilometer an diesem Tag. Wenn wir dieses Tempo durchhalten, sind wir wunschlos glücklich.

Wir beginnen unwillkürlich zu rechnen und planen den weiteren Lauf über das Eis. Wir passieren im Durchschnitt alle fünf Tage einen Breitenkreis und könnten die letzten drei Grade in zwölf Tagen hinter uns bringen, wenn wir den Turbogang einlegen. Wir können schon verkünden: Ohne eine unvorhergesehene Katastrophe erreichen wir tatsächlich am 23. März den Nordpol.

Ganz sicher können wir aber erst sein, wenn wir 88 Grad nördlicher Breite erreicht haben. Jetzt sehen Børge und ich das Ziel in so greifbarer Nähe vor uns, dass wir beschließen, zum großen Endspurt anzusetzen. Darauf verständigen wir uns sofort. Jetzt hat uns die Lust gepackt, die Sache zu Ende zu bringen.

Die Zeit der Ruhe ist vorbei. Zum Ausruhen haben wir wieder in Barneo Zeit, in der russischen Basis, die uns als Warteraum dient, bis wir in die Welt der Menschen zurückkehren. Und Ruhe und Abstand werden wir auch brauchen, damit uns so richtig klar wird, was wir bis dahin geleistet haben.

Aber man soll den Tag nicht vor dem Abend loben. Bis es so weit ist, kann uns noch viel in die Quere kommen.

Dies ist der erste Tag, an dem wir unser Projekt »Nordpolexpress« umsetzen. Statt zehn laufen wir zwölf Stunden bei einem höllischen Nordwestwind, der die Temperatur erneut unter $-34\,°C$ gedrückt hat. Der Pelz an unseren Kapuzen (Børges ist nicht ganz so dick wie meiner) schützt uns nur zum Teil. Wir müssen darauf achten, dass wir im Gesicht keine Frostbeulen bekommen. Meinen Fingern geht es im Augenblick noch einigermaßen gut. Mehr ist nicht zu vermelden.

Die Windböen zwingen uns eine widrige Abdrift auf, das Packeis stellt uns vermehrt Hindernisse in den Weg, und Wasserflächen, die nur mit dünnen Eisschichten überzogen sind, versperren unsere Route. Eine von ihnen ist zwar schmal, aber ziemlich tückisch. Um sie zu überwinden, nutzen wir die Schlitten als Pontonbrücke und kriechen langsam wie Faultiere auf ihnen hinüber. Das Foto, das dazu später im Internet erscheint, stammt wahrscheinlich von mir.

Wir haben nach einem zwölfstündigen Gewaltmarsch 28 Kilometer zurückgelegt und stehen jetzt kurz vor dem Zusammenbruch. Dieser »längste« Tag hat unsere letzten Kräfte aufgezehrt. Spät schlagen wir auf 87,12 Grad Nord unser Lager auf. Der Wind lässt schließlich nach: Hoffen wir, dass er das Eis wieder etwas zusammengeschoben hat. Und dass die dünnen Eisschichten über den Bruchstellen, die noch vor uns liegen, durch die Kälte fester geworden sind.

Im Verlauf der Tage bestätigt es sich: Der Kampf gegen das Packeis bedeutet auch einen Kampf gegen die eigene Psyche. Und den kann man leichter gewinnen, wenn man ihn zu zweit führt. Wenn man die Schlitten hochhievt, anschiebt oder sie anhebt, wenn man durch finsteres Eiswasser watet oder gegen einen Wind ankämpft, der sich anfühlt, als zerfetze er einem das Gesicht, dann tun Sätze wie »Es gibt Schlimmeres« oder »Eigentlich geht es doch …« der geschundenen Seele gut. Sie helfen auch dann, wenn sie gelogen sind, wenn man gerade Strapazen aushält und Gefahren ausgeliefert ist, wie sie schlimmer kaum sein könnten. Weil man sich selbst schlecht etwas vormachen kann, übernimmt der andere diese wichtige psychologische Aufgabe und richtet die Moral wieder auf. Ihm glaubt man eher, denn er hat doch sicher etwas gesehen, das Zuversicht rechtfertigt. Ihm vertraut man schließlich mehr als jedem anderen auf der Welt.

311 Kilometer. Diese Marke legen wir an diesem 10. März, dem zweiten Tag, an dem wir zwölf Stunden laufen wollen, als unsere Ziellinie fest. Der Vortag hat uns erschlagen zurückgelassen. Hoffentlich halten wir das Tempo bis zum Schluss durch.

Einstweilen herrschen immer noch − 38 °C. Das »Förderband« unter unseren Füßen gleitet mit 0,3 Kilometer pro Stunde zurück, und der Wind, der mit vier Metern pro Sekunde aus Nordwesten bläst, bedeutet eine harte Strafe. Und einmal mehr hat der Frost den Schnee in Schmirgelpapier verwandelt. Die schlecht gleitenden Schlitten über die hohen Schneewehen zu zerren ist eine Sträflingsarbeit. Nach acht Stunden betteln meine Fingerspitzen um Gnade. Ich tue so, als hörte ich sie nicht, und sie rächen sich vier Stunden lang mit ununterbrochenen Qualen. Erst als ich sie im Zelt an einer heißen Suppe aufwärme, lassen sie sich beschwichtigen.

Um mehr aus uns herauszuholen, beschließen wir, eineinhalb Stunden länger zu schlafen. Diese neunzig Minuten, die von unserem übrigen Tun abgehen, müssen wir durch eine Straffung des Tagesablaufs hereinholen.

Trotzdem nimmt sich Børge am Abend alle Zeit der Welt, um seine Robbenfelle zu flicken: Sie nützen sich an der Rille des Skis ab und müssen verstärkt werden, bevor sie vollends durchscheuern.

Nach einer Atempause, in der wir Kraft und Energie getankt haben, verwirklichen wir den Traum jedes Geschäftsmannes, dem die Termine über den Kopf wachsen: Wir lassen unseren Tag 26, ja 28 und sogar 30 Stunden haben! In einer Umgebung, in der Tag und Nacht eins sind, in der uns keine Fahrpläne, kein städtisches Leben und kein sozialer Rahmen einen festen Rhythmus aufzwingen, ist so etwas allemal möglich. Unser Tag beginnt und endet zu jeder beliebigen Stunde, weil nur wir seine Struktur bestimmen.

Die Anzeige des Thermometers sinkt noch immer! Bis auf die Marke von $-40\,°C$. Wir bewegen uns wie ein Zweiergespann vor einem gut geschmierten Karren voran. In dem mechanischen und schwerfälligen, aber unaufhaltsamen Trott der Ochsen, die einst die Pflüge zogen. Es hat etwas Bäuerliches, wie wir fast stumpfsinnig und schicksalsergeben Stunde um Stunde und Tag um Tag einen Ski vor den anderen ziehen und den Grund dafür beinahe vergessen haben.

Warum tun wir das? Was wollen wir dort? Warum setzen wir unser Leben aufs Spiel?

Wir wissen sehr wohl, dass es auf all diese Fragen hervorragende Antworten gibt, aber im Augenblick sehen wir sie so wenig wie unser Ziel, auch wenn sie real vorhanden sind. Zu gegebener Zeit werden sie uns wieder einleuchten.

Während wir weiterlaufen, flaut der Nordwestwind allmählich ab: Am nächsten Tag soll es milder werden. Umso besser für meine Nase und meine Finger. Sie sind kein schöner Anblick.

Es wird milder, aber leider nur um drei Grad. Wir spüren den Unterschied kaum. Die Strapazen sind groß, aber unser Organismus gewöhnt sich an die zwei zusätzlichen Stunden Anstrengung, die wir ihm aufzwingen. Das Eis bildet eine fast ebene Fläche, wenn man von einigen aufgebrochenen Stellen und den vielen Schneewehen absieht. Die langen Eisspalten verlaufen von Süden nach Norden, sodass wir ihnen folgen können, bis eine Passage auftaucht.

Die Grobbilanz des Tages lautet: Vor- und Nachteile halten sich die Waage. Ein negativer Faktor ist der Wind: Er bläst aus Nordost und treibt uns um vier Kilometer zurück, aber wir schaffen an diesem Tag trotzdem 23 Kilometer. Am Ende sind wir so erschöpft, dass wir mit der Nase fast in unsere Suppe sinken. Als wir dann aber im Schlafsack liegen, raubt uns die Kälte beinahe den Schlaf.

Es wird Zeit, dass wir ankommen: Ich beginne von einem Bett zu träumen.

Die Ausrüstung verhält sich wie wir: Sie verschleißt, hält bislang aber noch durch. Unmerklich werden die Schlitten leichter – jeden Tag um 1,1 Kilogramm Proviant und dreihundert Gramm Brennstoff. Am Kap Artichesky wog ihre Ladung noch 170 Kilogramm, jetzt müssten es über den Daumen gepeilt noch um die neunzig sein. Ein beträchtlicher Unterschied.

Ziemlich am Ende der Kräfte, suchen wir nach Tricks, uns das Leben leichter zu machen. Kleinere Wasserflächen überqueren wir jetzt, ohne die Schwimmanzüge anzuziehen, indem wir die Schlitten aneinanderbinden, aufsteigen und hintereinander hinüberpaddeln. Wenn mein Schlitten im Eis feststeckt, schiebt Børge ihn mit einem Skistock an, und wenn er aufsitzt, greift er nach dem Seil, das ich immer hinter mir herziehe, und rückt zu mir auf. Wir sind perfekt aufeinander eingespielt.

Am 51. Tag der Expedition kämpfen wir Schritt um Schritt gegen einen eisigen Sturm an. Die Temperatur ist von – 34 auf – 37 °C gefallen. Wir spüren die Böen schneidend und brennend auf der Haut. Nach zehn Stunden Lauf sind wir so entkräftet, dass wir ihn, insgesamt einen der härtesten bislang, vor der Zeit abbrechen. Wir haben uns geschworen, alles zu geben, und haben noch mehr aus uns herausgeholt. Aber jetzt verlassen uns die Kräfte. An meinen erfrorenen Fingern ist die Haut aufgeplatzt. Ein übler Anblick. Kein Wunder, denn seit dem folgenreichen Tag, an dem ich gleich zweimal im Eis eingebrochen bin, sind meine Handschuhe nicht mehr richtig trocken geworden. Und Børge schafft es nicht, seine Füße warm zu halten. Seine rechte Ferse, die bei den stundenlangen, praktisch ununterbrochenen Läufen stark gelitten hat, verursacht höllische Schmerzen.

Wir müssen uns ernsthaft fragen, ob wir dieses Tempo bis zum Schluss durchhalten können. Auch deshalb, weil mir unterwegs, während wir uns heftig abrackern, schlagartig etwas klar wird: Es macht kein Vergnügen mehr.

Während der abendlichen Rast frage ich Børge ohne Umschweife: »Ehrlich, macht dir das noch Spaß?«

Der Wikinger wirft mir einen verblüfften Blick zu: »Du machst wohl Witze! Es ist eine grauenhafte Plackerei.«

»Und findest du das nicht schade?«

»Wieso?«

»Es ist vielleicht deine letzte Expedition zum Nordpol. Und meine letzte auch. Wir müssten das doch richtig genießen, nicht? Es voll auskosten!«

Er deutet ein Lächeln an: Irgendwie habe ich wohl nicht ganz unrecht.

Angesichts der Strapazen, die wir uns auferlegen, kommt natürlich nur ein rein intellektueller Genuss infrage, der sich *im Nachhinein* einstellt. Dann aber umso intensiver. Und mit der Zeit wird er immer bedeutender werden. Einstweilen sind wir sozusagen zwei Marathon-läufer, die durch die herrlichsten Landschaften eilen und immer nur auf den Asphalt starren.

Es wird Zeit, dass wir einmal aufblicken.

Und wir müssen eine neue Kosten-Nutzen-Rechnung vornehmen, wenn wir unser Ziel erreichen wollen. Wir sind mehr Stunden am Tag gelaufen, haben aber keine zusätzliche Kalorie zu uns genommen und keine Mi-nute länger als die üblichen fünf oder sechs Stunden geschlafen.

Wir müssen uns den Tatsachen stellen: Die zusätzlichen Strapazen, die wir uns auferlegten, haben sich nicht wirk-lich ausgezahlt. Und bei den momentanen Temperaturen, die jetzt auch noch abrupt weiter sinken, entkräften wir uns mit jedem Tag mehr. Vor uns liegt noch ein großes Stück Weg, und wenn wir völlig erschöpft sind, werden wir es nicht schaffen.

Vielleicht sollten wir den sinnlosen Kampf gegen die Naturgewalten aufgeben, abwarten, bis sich das Wetter auf unsere Seite stellt, und uns dann gezielt verausgaben.

Allerdings sind für die gesamte Woche so heftige Nordwinde und so tiefe Temperaturen wie heute vorhergesagt.

Wir beschließen, uns etwas zu schonen und weniger
stark unter Druck zu setzen. Zumindest für den Augenblick. Fürs Erste laufen wir morgen nur zehn Stunden.
Wir lassen den Tag nur noch 24 Stunden haben und schlafen eine Stunde länger, um wieder ein wenig zu Kräften
zu kommen.

Immerhin sind wir auf 88 Grad nördlicher Breite ange-
langt. Noch zwei Grad, und wir stehen Ende März, vor
Ende des Winters, auf dem Nordpol. Ganze zwei Breiten-
kreise trennen uns vom Gelingen unseres Vorhabens. Wir
können es uns leisten abzuwarten, bis die Natur uns wieder günstiger gesinnt ist.

Leider ändert sich an den Wetteraussichten nichts: Bei
klirrendem Frost spüren wir die stürmischen Winde wie
Rasierklingen im Gesicht. Und eine widrige Abdrift von
0,7 Kilometer pro Stunde gibt uns das erbärmliche und
frustrierende Gefühl, dass wir umsonst kämpfen und
leiden.

Wir sorgen uns jetzt allerdings nicht mehr hauptsächlich darum, dass wir vorankommen, sondern dass wir
unsere Gliedmaßen schützen. Børges Füße werden regelmäßig komplett taub. Zur Abhilfe zerschneidet er ein
Paar dicke Wollsocken, umwickelt mit den Stücken seine
Schuhe und befestigt sie mit Klebeband. Diese Gama-
schen, die für eine zusätzliche Isolation sorgen sollen,
bewirken leider wenig. Am besten schützt er seine Füße
noch immer vor der Kälte, indem er sie dauernd in Bewegung hält.

Widrig ist auch das Gelände, eine uferlose Ausdehnung von Eisbrocken, eine Art holpriger Schutt, den die Eisplatten bei ihrer Reibung aufgeworfen haben und der teilweise unter Schnee liegt. Der Untergrund ist streckenweise so schlecht, dass wir die Skier abschnallen und zu Fuß marschieren müssen. Wenn wir sie wieder anschnallen, drohen den ohnehin angegriffenen Telemark-Skiern auf dem scharfkantigen Eis Schäden.

Nach einigen Stunden stellt Børge fest, dass sich an einem seiner Skier die Metallkante ablöst. Wegen der Reparatur müssen wir etwas früher als geplant anhalten. Børge montiert an dem besagten Ski die Kante zunächst ganz ab, erwärmt im Zelt am Kocher den erstarrten Kleber und klebt das Metallteil wieder an.

Einmal mehr verfolge ich interessiert, staunend und bewundernd Børge bei seiner Tüftlerarbeit. Seinem Einfallsreichtum (wer kommt schon darauf, eine Socke zu einer Gamasche zu verarbeiten) kommt nur sein handwerkliches Können gleich. Er scheint wirklich mit jedem Problem fertig zu werden. Vor allem dank unseres einzigartigen Reparatursets.

Ich gebe zu, dass ich über das schlechte Wetter nicht erbost bin. Im Gegenteil! Zu meiner Erleichterung beschert es uns einen Aufenthalt im Zelt, das uns vor dem eisigen Wind schützt.

Endlich trocknen meine Handschuhe. Nachdem ich meine Hände fast drei Wochen lang täglich in diese Eiswürfelbecher gesteckt habe, ist meine Wonne kaum zu beschreiben. Ein Glücksgefühl beschert mir jetzt auch das Hineinschlüpfen in meine wärmende Kleidung und in die Daunenweste, die ich unter dem Parka trage, wenn es richtig eisig wird: Auch sie sind endlich wieder durchgetrocknet und richtig weich. Vom Körpergefühl – oder der Empfindung auf der Haut – ist das fast so, als würde die Expedition jetzt erst beginnen.

Børges Ski dürfte am nächsten Morgen wieder einsatzfähig sein. Dann müssen wir nicht mehr, den Elementen ausgeliefert, im Zelt ausharren, sondern können uns – vorsichtig – wieder auf den Weg machen in der Erwartung, dass die Temperatur steigt.

Jetzt steht das Datum sozusagen offiziell fest. Auch ohne uns zu überanstrengen, müssten wir den – nur noch 211 Kilometer entfernten – Nordpol am 23. März erreichen.

Er ist ganz nah, aber auch noch weit. Denn wie ich oft feststellen musste, sind die letzten Tage die schlimmsten.

Kapitel Siebzehn

Im Stehen sterben

Über Nacht haben uns die Nordwinde, die anhaltend heftig blasen, drei Kilometer zurückgetrieben. Wir versuchen dieses Ärgernis auszublenden, als wir an diesem 15. März in unseren 53. Tag starten. Das Eis wechselt seine Beschaffenheit weiterhin beharrlich – und meist nahtlos – von flach nach holprig und wieder zurück. Børges Ski hält durch, aber nur gerade so. Mein Teamgefährte wird sein Flickwerk vom Vortag am Abend mit gut platzierten Bolzen verstärken, damit das Ganze bis zum Pol zusammenhält.

Trotz der weiterhin widrigen Abdrift kommen wir in zehn Stunden 22 Kilometer voran. Jetzt sind es nur noch 192 Kilometer! Wir haben die 200er-Marke passiert!

Gegen Ende des Tages lässt der Wind etwas nach. Die Temperatur steigt auf −29 °C. Hinter dem Horizont zeichnet sich das noch verborgene Strahlen der Sonne ab. Ihr oberer Rand müsste bald flüchtig wie der Rücken eines Wales in den Wogen auftauchen. In einer Woche wird sie wieder voll da sein und dann 24 Stunden am Tag scheinen.

Wenn man bedenkt, dass wir bei absoluter Dunkelheit gestartet sind!

Ich kann es immer noch kaum fassen, dass ich in sehr kurzer Zeit auf dem Nordpol stehen werde.

Wir haben uns zu früh gefreut: Die Temperatur fällt wieder auf $-38\,°C$ ab und setzt uns heftig zu. Die Winde wirbeln uns von allen Seiten um die Ohren, als wollten sie uns in die Irre führen. Das Gesicht brennt. Meine Nase schält sich wie eine Tomate im kochenden Wasser. Schon seit zehn Tagen müssen wir eine Kälte zwischen -35 und $-40\,°C$ aushalten, und noch immer kein Anzeichen, dass es milder wird. Die Schlitten kleben am Schnee. Das Kochwasser erwärmt sich erst nach einer Ewigkeit, und der Frost kriecht uns in alle Knochen.

Aber wir bleiben zuversichtlich. Und meine Phantasie träumt von Keksen, Käse und allen möglichen Sorten Schweizer Schokolade.

Alles ist weiß in dieser Dunkelheit, die sich täglich stärker aufhellt. In dieser langen Nacht gehen Eis und Himmel ineinander über. Die Sichtweite beträgt kaum zwei Meter. Und das Eis ist stellenweise unsicher. Wir stoßen sogar auf einige offene Wasserflächen, die es so hoch im Norden eigentlich nicht mehr geben dürfte.

Wir hatten uns darauf eingestellt, unsere wasserdichten Anzüge im Schlitten verstaut lassen zu können, und müssen sie doch zweimal wieder herausholen und ins Wasser steigen. Wir hoffen, dass dies die letzten Male waren. Aber irgendwo auf dem Eis sind uns alle Gewissheiten abhandengekommen.

Nach zwei Monaten Finsternis erleben wir allerdings dieses Licht, das wir mehr ahnen als sehen, als Befreiung und Glück. Am Horizont erscheinen rötliche, türkisfarbene und malvenfarbene Nuancen, wie man sie in der Natur noch nicht gesehen hat, ein Farbenspiel, das anderswo unvorstellbar wäre. Der kristallklare Himmel, den keine Verschmutzung trübt, spiegelt einen herrlichen Sonnenaufgang wider, der als Verheißung tief unter dem Horizont strahlt.

Statt der Nacht würden wir jetzt lieber diesem zartfarbenen Hoffnungsschimmer entgegengehen. Aber wir haben Grund zur Freude: In drei Tagen erscheint erstmals wieder die Sonne. Dieser Gedanke beflügelt und begeistert uns so sehr, dass wir uns spontan in die Arme fallen. Wir meinen sogar, dass es milder geworden ist. Aber als wir auf dem Thermometer nachschauen, stellt sich heraus, dass nach wie vor − 38 °C herrschen.

Und dann sinkt die Temperatur auf − 40 °C. Wir erleben einen unserer kältesten Tage bisher. Die Kamera friert ein. Das Laufen wird noch beschwerlicher. Wir begnügen uns mit einer durchschnittlichen Tagesleistung.

Am nächsten Tag müssen wir gegen so schwierige Bedingungen ankämpfen, dass wir in zehn Stunden ganze 15 Kilometer zurücklegen. Genau in dem Augenblick, als wir das Lager aufschlagen, flaut der Wind ab. Wir gehen davon aus, dass wir jetzt nicht mehr zurücktreiben.

Eine seltsame Stille herrscht. Und die Anzeige des Thermometers ist auf − 15 °C geklettert. Der Nordpol ist ganz nah. Als könnten wir ihn riechen.

Die Temperaturen fahren weiter Achterbahn. Schon wieder ein Tag mit beißender Kälte. Böen aus Osten mit acht

Metern pro Sekunde verursachen eine starke Abdrift nach Nordwesten. Aber sie ist mehr als vorteilhaft, denn sie treibt auch das Eis zusammen und schließt offene Stellen. Die Elemente planieren uns eine Schnellstraße.

Wenige Tage vor dem Pol schenken sie uns eine Abdrift, die in die richtige Richtung verläuft.

Könnte es nicht bis zum Schluss so weitergehen?

Zur Krönung dieses glanzvollen Tages erscheint uns erstmals die Sonne: Sie hängt vier Stunden lang als ganze Kugel am Himmel. In der vorderen Reihe weiß ich nicht mehr, wie ich meine Fotos schießen soll, so begeistert versuche ich alle, die unsere Website anklicken, an diesem Schauspiel teilhaben lassen. Dabei weiß ich, dass alle meine Bemühungen trotz der hervorragenden Ausrüstung vergebens sind. Um das zu sehen und zu empfinden, was wir hier erleben, muss man schon vor Ort sein.

Nur für uns setzt das Universum eine Supershow in Szene. Sogar eine Live-Show. Oder besser, eine Show im Vorgriff auf das eigentliche Ereignis.

Denn diese prachtvolle Sonne ist unecht. Sie ist eine Fata Morgana, eine einfache Luftspiegelung der Sonne, die noch unter dem Horizont steht. Und sie wirft keine Schatten.

Im Tagesverlauf flauen die Winde allmählich erneut ab. Bei −28 °C schlagen wir unser Lager auf. Wir haben 36 Kilometer zurückgelegt, das Doppelte unserer vorigen Tagesleistung. 124 Kilometer sind es noch bis zum Pol. Der Endspurt hat begonnen.

Das schicksalshafte Datum des 23. März rückt näher. Die Sonne, die uns hinterhereilt, schließt immer weiter zu uns auf. Wenn wir am 23. März, also vor ihr, am Pol sein wollen, müssen wir den Turbogang einlegen. Das ist schon deshalb schwierig, weil sich bei uns die Erschöpfung bemerkbar macht. Zudem müssen wir noch viele Packeisbarrieren überwinden und wahrscheinlich häufiger Öffnungen durchschwimmen, obwohl die niedrigen Temperaturen das Eis festigen. Wir können das Problem drehen und wenden, wie wir wollen: Wir haben keine Sekunde zu verlieren.

Dank unseres raschen Vorankommens müssen wir unseren Proviant jetzt nicht mehr rationieren: Wir dürfen uns sogar den Luxus gönnen und jeder täglich eineinhalb Rationen verdrücken: bis zu zehntausend Kalorien pro Tag.

Heftige Böen aus Nordosten vertreiben allmählich den weißen Schleier, durch den wir uns seit dem Morgen voranbewegen. Als langsam die Sicht wiederkehrt, sehen wir erneut den Widerschein der Sonne, die als Fata Morgana ihren täglichen Auftritt hat.

In unseren langen Wochen in tiefdunkler Nacht hätten Børge und ich für ein paar Minuten Sonnenlicht fast alles gegeben. Als wir vor ein paar Tagen einen ersten Abglanz davon sahen, waren wir überglücklich. Aber seitdem es zurückgekehrt ist (es ist noch ziemlich dunkel, aber wir können auf die Stirnlampen verzichten), befällt uns ein seltsames Gefühl, das wir uns kaum eingestehen wollen: Unsere Motivation lässt nach. Irgendwie wissen wir nicht mehr so recht, was wir hier eigentlich wollen. Bei Tageslicht sieht das Packeis vertraut aus. Und als wir am 22. Januar 2006 vom Kap Artichesky aus losgezogen sind, ging es uns nicht darum, eine Expedition zu wiederholen, die Børge bereits allein hinter sich gebracht hat.

Børges Ski sehen so aus, als würden sie halten. Sie müssen es bis zum Pol schaffen. Wenn er beim Laufen auf den Untergrund achtet, müsste es klappen. Es gibt auch keine Alternative: Um den einen Ski nochmals zu flicken, ist er nicht mehr lang genug.

27 Kilometer in zehn Stunden. Wir passieren die symbolträchtigen Marken der 89 Grad nördlicher Breite und der Entfernung von hundert Kilometern zum Pol: 97 sind es jetzt noch. In vier Tagen müssten wir am Ziel sein. Drei, wenn uns das treibende Eis hilft.

Wir schalten einen Gang höher. Die Plackerei ist so kräftezehrend, dass wir kein Wort miteinander wechseln. Unsere bislang einsilbigen Unterhaltungen weichen der totalen Funkstille.

Das heißt im Klartext, dass wir am Ende sind. Die Strapazen unterwegs und die Aufgaben im »Haushalt« – wir brauchen täglich vor dem Abendessen ein bis eineinhalb Stunden, um unsere Kleidung zu »enteisen« – laugen uns völlig aus. Und zur Erschöpfung kommen die Schmerzen an den erfrorenen Gliedern hinzu. Jeder Tag kommt uns anstrengender und länger vor als der vorige.

Kaum bleibt Børge einige Augenblicke stehen, weil ich nach einer Passage durch das Eis suche, schläft er, auf seine Skistöcke gestützt, im Stehen ein. Ich mobilisiere Reserven, um nicht ebenfalls einzuschlafen. Wenn wir uns gleichzeitig gehen ließen, würde das für uns beide, so entkräftet wie wir sind, innerhalb von Minuten den sicheren Tod bedeuten.

Mit letzter Kraft schreie ich Børge an: »Wach auf, verdammt! Wach auf!«

Børge schüttelt sich, ohne mich anzuschauen. Er hat verstanden.

Und während der Rasten sacke ich sitzend auf meinem Schlitten zusammen und sinke unweigerlich in den Schlummer.

Jetzt weckt Børge mich auf.

»Los«, sagt er, »weiter geht's.«

Allerdings gönnt jeder dem anderen zwei bis drei Minuten, ehe er ihn aus dem Schlaf reißt. Diesen Luxus kann man sich nur leisten, wenn man zu zweit ist. Wären Børge und ich jeweils alleine unterwegs, würde keiner von uns es wagen, sich so gehen zu lassen. Die Angst vor dem Kältetod hielte uns wach.

Jede Nacht sinken wir in unseren Schlafsäcken etwas früher und etwas tiefer in den bleischweren Schlaf. All dies war zu erwarten. Es ist normal und braucht uns nicht weiter zu beunruhigen. Allerdings deutet bei mir das Ausmaß der Schwäche seit einem oder zwei Tagen auf eine beginnende Krankheit hin. Ich spüre es: Mich auf den Beinen zu halten bereitet mir ein regelrechtes Martyrium. Und das Laufen ist für mich eine kaum noch zu bewältigende Aufgabe. Außerdem habe ich praktisch keinen Appetit mehr. Das ist umso alarmierender, als mir das eigentlich nie passiert.

Børge sage ich zunächst nichts. Die Erschöpfung zermürbt auch ihn, das sieht man seinem Gesicht an! Ich will ihn nicht zusätzlich belasten und bin außerdem sicher, dass es gar nichts bringt: Irgendwann muss es mir wieder besser gehen.

Plötzlich spüre ich einen stechenden Schmerz in der Magengrube. Die Ursache lässt sich kaum feststellen. Habe ich etwas Verdorbenes gegessen? Es wäre die Höhe, wenn mein Proviant nicht einwandfrei wäre! Liegt es an den gefäßerweiternden Medikamenten? Oder ist es doch nur die allgemeine Entkräftung? Vielleicht rebelliert mein Organismus einfach nur gegen die unmenschlichen Strapazen, die ich ihm auferlege. Die beiden Ruhetage, die wir uns seit unserem Aufbruch gegönnt haben, waren vielleicht doch etwas wenig.

Aber auf Ruhe wird mein Körper weiterhin verzichten müssen. Børge und ich denken gar nicht daran, eine Pause einzulegen, solange wir den Pol nicht erreicht haben. Mitten im Endspurt bleibt man nicht stehen. Erholen können wir uns ausgiebig, wenn wir in Barneo sind. Und meinen Magen bringen ein gutes Abendessen und einige Stunden Schlaf sicher wieder in Ordnung.

Leider nicht. Es ist offenbar ernster, als ich dachte. Schon beim Aufwachen brennt mein Magen so sehr, dass ich mich wundere, wie ich überhaupt schlafen konnte. Ich muss sehr erschöpft gewesen sein. Und der Schmerz klingt keineswegs ab, sondern wird von Minute zu Minute heftiger.

Ich mache mich trotz allem auf den Weg. Das Laufen wird mich ablenken, denke ich, und die Schmerzen lindern.

Aber sie werden leider stärker. Zu allem Überfluss fühle ich mich mit jedem Schritt, den ich über das Eis laufe, immer matter. Ich habe heftige Magenkrämpfe, stechende Rückenschmerzen und Kopfweh, als wolle mir der Schädel zerspringen. Obwohl ich sonst eher unempfindlich bin, fühle ich mich, als habe eine böse Macht von meinem Körper Besitz ergriffen.

Mit gefrorenem Blut im Gesicht – es stammt aus meiner Nase – und vom Brechreiz geschüttelt, werfe ich zehn Stunden und 25 Kilometer später das Handtuch. Børge und ich flüchten ins Zelt und machen uns Gedanken, was ich mir geholt haben könnte. Wir stellen alle möglichen Hypothesen auf, darunter die, dass in meinem Schlitten Benzin ausgelaufen sei und meine abgepackten Mahlzeiten durchtränkt haben könnte. Børge gibt mir eine seiner Mahlzeiten.

Neben einer Benzinvergiftung, der Erschöpfung am Ende der Expedition sowie eiternden Erfrierungen an der Nase und den Fingerspitzen gibt es noch ein ganzes Bündel weiterer Möglichkeiten, von denen jede allein für meine Schwäche verantwortlich sein könnte. Jedenfalls bin ich erledigt. Und zwar so sehr, dass ich nicht einmal mehr Hunger oder Durst verspüre.

Cathy hat für mich einen Arzt kontaktiert. Er hat mir Antibiotika verordnet, die ich aber zunächst nicht einnehme, auch wenn Børge mit allen Mitteln versucht, mich dazu zu überreden. Aus einem schützenden Reflex heraus habe ich mich schon immer dagegen gesträubt, Medikamente zu schlucken. Ich gehe davon aus, dass die Selbstheilungskräfte des Organismus mit dem Problem allein fertig werden müssen.

Unter normalen Bedingungen würde mein Körper das wohl auch schaffen. Aber ich habe meine Grenzen so rücksichtslos ausgetestet und meine Ressourcen so stark strapaziert, dass jetzt die »regenerativen« Funktionen versagen.

Børge macht sich ernsthafte Sorgen. Er versucht vergeblich, seinen Arzt zu erreichen, und kontaktiert dann einen anderen, dem er meine Symptome beschreibt – alles auf Norwegisch. Auf Børges Monolog folgt am Satellitentelefon eine lange – bedrückende – Pause.

Der Arzt hat sein Urteil gefällt: Ich müsse sofort hier herausgeholt und nach Hause geschafft werden! Børge dankt ihm und hängt ein. Wir wissen beide, dass das nicht infrage kommt. Eher sterbe ich vor Ort. Aber um das möglichst auszuschließen, lasse ich mich doch breitschlagen, Børges Medikamente einzunehmen – gleich eine doppelte Dosis Antibiotika, eine Rosskur, die mich wieder auf die Beine stellen müsste.

Aber das Gegenteil tritt ein: Mir geht es noch schlechter. Ich laufe noch immer aus und pinkle Blut – bei jeder Gelegenheit.

Børge hätte allen Grund, in Panik zu geraten, wahrt aber seine nordische Gelassenheit. Es besteht nicht nur die Gefahr, dass wir den – nur noch siebzig Kilometer entfernten – Pol nicht mehr erreichen, sondern dass sein Ko-Abenteurer unterwegs in seinen Armen stirbt.

Das gäbe ein anrührendes Drama. Ein ganz fürchterliches für uns beide.

Nach einigen Stunden eines unruhigen Schlafs mit schrecklichen Albträumen wecken mich die unerträglichen Schmerzen, die einfach nicht abklingen wollen. Ganz offenbar haben die Antibiotika noch nicht angeschlagen. Aber der Gedanke, jetzt aufzugeben, ist mir unerträglich. Gerade jetzt, wo wir so nahe am Ziel sind.

Wir stehen doch unmittelbar davor, die symbolträchtigen neunzig Grad nördlicher Breite zu erreichen.

Am – fast – nördlichsten Punkt unserer Erde besprechen Børge und ich in einer Krisensitzung die Eckdaten unserer Lage. Sie sind relativ überschaubar. Ich brauche mindestens einen Tag Ruhe, um mich einigermaßen zu erholen. Aber dieser Tag kostet uns den Sieg, weil wir dann das Stichdatum des 23. März für unsere Ankunft am Pol verfehlen werden. Zudem informieren uns unsere Freunde von der kanadischen Wetterstation, dass sich bei ihnen ein Sturm zusammengebraut hat. Und der zieht jetzt mit voller Kraft zu uns herüber.

Wir müssen also von hier verschwinden und möglichst rasch ein Umfeld aufsuchen, in dem wir uns aufwärmen und auskurieren können. Wir haben so oft unsere eigenen Grenzen überschritten und zahlen jetzt den Preis dafür. Die Arktis kennt keine Gnade. Sie hat uns fast alle Kräfte gekostet und bedroht uns jetzt mit dem schleichenden Kältetod. Wir haben uns zuletzt nur noch wie zwei lebende Leichen durchs Eis geschleppt. Um nicht tatsächlich als Leichen zu enden, gibt es für uns nur eins: Wir müssen so schnell wie möglich hier heraus. Kurz: Um am angepeilten Tag anzukommen, und mehr noch, um unser Leben zu retten, beschließen wir, diese Leben noch stärker in Gefahr zu bringen, als wir es schon getan haben. Wir wagen den großen Endspurt. Dazu müssen wir unsere Maschinen noch ein wenig höher drehen, auch wenn wir nicht sicher sind, in uns noch die notwendigen Reserven zu finden.

198

Ab jetzt ist unser Wettlauf gegen die Zeit und gegen die Sonne auch einer gegen den Tod geworden.

Mir ist schleierhaft, wie ich durchhalten soll: Ich esse nichts mehr und spüre unmittelbar die Folgen. Immer wenn ich mich auf den Weg mache, fühle ich mich schwach wie ein Neugeborenes, weil die notwendigen Kalorien fehlen. Erst nach Stunden wärme ich mich etwas auf. Gleichzeitig leide ich an Hitzewallungen mit Schweißausbrüchen und an Anfällen von Schüttelfrost, die durch Mark und Bein gehen. Mit einem Aufgebot an sämtlichen Kleidern, die ich zum Pol mitgenommen habe, versuche ich meine Körpertemperatur so weit oben zu halten, dass ich überleben kann.

Dank Børges Fotos werde ich mich später von dem überzeugen können, was mir jetzt schon klar ist: Ich sehe aus wie ein Zombie.

Zur Energiegewinnung greift mein völlig entkräfteter Körper die eigene Muskelmasse an, sodass für die gewöhnliche »Selbstreparatur« nichts mehr übrig ist. Durch den Fettabbau ist alles Runde aus meinem Gesicht verschwunden. Die Augen liegen tief in ihren Höhlen. In drei Tagen bin ich um vierzig Jahre gealtert.

Schon während früherer Expeditionen bin ich gefährlich nahe an die ungewisse Schwelle zwischen Überleben und Sterben herangerückt. Aber wenn mir klar wurde, dass es auf des Messers Schneide stand, konnte ich mir jedesmal einen Tag Ruhe gönnen.

Diesmal ist es anders. Und dann ist da noch dieser Stolz, dieser unbezwingbare Ehrgeiz, der es Børge und mir verbietet, den anderen zu bremsen oder die Expedition scheitern zu lassen. Solange noch ein Fünkchen Leben in uns ist, muss es weitergehen.

Wie in Trance oder schon im Wahn sehe ich die weiße Fläche, die unter meinen Skiern hinwegzieht, während weit vor mir eine schmale rote Silhouette tanzt, auf der sich ein Glühwürmchen niedergelassen hat. Ich gehorche meinen Beinen und schleppe mich wie ein Roboter weiter vorwärts. Die Zeit steht still. Ich weiß nicht mehr, warum ich noch weiterlaufe. Der andere vorn wird es wissen.

Ich laufe weiter …

Ich weiß nicht mehr, ob es mir schlecht geht. Als ich mit halbwegs klarem Kopf meinen Zustand einschätze, stelle ich fest, dass er sich seit gestern nicht gebessert hat. Aber er hat sich – die gute Nachricht – auch nicht verschlechtert. Der Wille hält mich auf den Beinen und treibt mich weiter an. Er ist noch so stark, dass ich fast ein normales Tempo halten kann.

Es ist der Wille … und Børge. Seitdem ich krank geworden bin, kümmert er sich rührend und aufopfernd wie eine Krankenschwester um mich. Er verabreicht mir meine Medikamente, steht als Erster auf, bereitet das Frühstück vor und bietet mir an, das Zelt – eines der schwersten Teile unserer Ausrüstung – in seinen Schlitten umzuladen, damit meiner leichter wird.

Ich weiß das Angebot zu schätzen und nehme es an. Damit ich mich noch mehr schonen kann, beschließt Børge, dass ich bis zum Schluss vorn laufe. Ich soll das Tempo bestimmen und mich nicht abhetzen, um mit ihm Schritt zu halten.

An der Spitze zu laufen ist natürlich auch mit Pflichten und Verantwortlichkeiten verbunden – Hindernisse sehen, die Wege um sie herum wählen, die Richtung vorgeben usw. –, die alle Vorteile im negativen Sinn aufwiegen. Aber ich weiß: Børge versucht nur, mich mit allen Mitteln zu unterstützen.

Als ich einen solchen Tag überstanden habe, bin ich dem Zusammenbruch nahe. Aber wir haben 25 Kilometer zurückgelegt, angesichts meines Zustands eine sehr respektable Tagesleistung. Ich zwinge eine Schale Rührei in mich hinein und trinke viel.

»Børge«, sage ich, »ich schaffe das nicht. Ich kann nicht den ganzen Tag an der Spitze laufen. Oder ich brauche 24 Stunden absolute Ruhe, um wieder ein bisschen zu Kräften zu kommen.«

24 Stunden im Zelt mit möglichst viel Nahrung und Schlaf. Das könnte gegen die dauernde Übelkeit, die Krämpfe im Bauch und das zehrende Fieber helfen. Aber wir wissen, dass diese Möglichkeit nicht in Betracht kommt. Schon deshalb nicht, weil sich das Wetter ändern wird. Wenn wir dem Wetterbericht glauben dürfen, profitieren wir morgen noch von einem Südwind. Aber schon übermorgen wird uns ein Nordostwind wieder weit vom Pol abtreiben. Gott allein weiß, wo wir landen, wenn wir nicht schleunigst weiterkommen.

Den Kopf in den Sand zu stecken und im Zelt abzuwarten, bis der Sturm vorübergezogen ist, macht keinen Sinn. In dieser Region lässt sich nur sehr schwer bestimmen, wie lange eine Schlechtwetterperiode genau anhält. Und solche Wetterlagen kommen in immer neuen Wellen auf uns zu. Kurz, wenn wir einen Stopp einlegen, besteht das Risiko, dass wir auf unabsehbare Zeit festgenagelt sind.

Außerdem sind wir für den 23. März mit dem Nordpol verabredet. Wir haben keine andere Wahl: Wir müssen möglichst viele Kilometer herunterreißen, damit wir am übernächsten Tag den Sturmböen aus dem Norden weniger lange trotzen müssen. Nur dann erreichen wir mit letzter Kraft den Pol. Alles bestärkt uns in unserem Entschluss, in diesem Kampf bis an unsere Grenzen und darüber hinaus zu gehen.

Børge macht sich Sorgen: Werde ich durchhalten? Ich antworte sofort: Natürlich. Ich habe keine andere Wahl. Jetzt geht es ums Ganze.

Die günstigen Bedingungen nutzend, ziehen wir weiter über das Eis voran und wechseln uns alle eineinhalb Stunden an der Spitze ab. Nach dreieinhalb Stunden eines ununterbrochenen Laufs legen wir die erste Rast ein. Im Stundentakt folgen weitere Rasten. Ohne jeden Appetit stopfe ich meine Menüs und energiespendende Zwischenmahlzeiten in mich hinein. Wenn ich in dem Zustand nichts esse, bin ich so gut wie tot.

Als ich mein Essen aus der Plastikfolie gable, frage ich mich unwillkürlich: Und wenn es ernst ist? Wenn es ernster ist, als ich jetzt glaube?

Es wird sich herausstellen. Im Augenblick kann ich ohnehin nichts tun. Also darf ich mich nicht verrückt machen. Das war auch noch nie mein Stil.

Mehr schlecht als recht und mit der doppelten Dosis Antibiotika halte ich durch. Dafür macht mir jetzt Børge Sorgen. Sein Gesicht ist leichenblass und völlig blutleer. Mit seiner schrumpeligen Haut sieht er wie ein Greis aus. Auch er ist am Ende seiner Kräfte. Und dass er schon zweimal beim Frühstückmachen für mich eingesprungen ist, macht die Sache nicht besser.

Gegenwärtig schläft er im Laufen ein! So wie ich auch! Damit hatten wir schon zu Beginn der Expedition zu kämpfen, weil die ständige Dunkelheit unsere biologische Uhr verstellt hat. Dazu kommt jetzt noch die Erschöpfung. Ohne dass wir uns auf besonders große Risiken einlassen, bewegen wir uns in einer ständigen Nähe zum Tod. Es ist nicht nur die Entkräftung, sondern auch diese ganze Zeit bei Nacht und endloser Dunkelheit, die uns jede Orientierung genommen und alle unsere Körperfunktionen durcheinandergebracht hat. Unser Leben hängt an einem seidenen Faden. Allein das Heben unseres Arms, um den Skistock vor uns aufzupflanzen, strengt uns übermenschlich an. Jetzt sind wir in das hochgefährliche Stadium eingetreten, in dem keiner von uns beiden noch genug Kraft hat, dem anderen aufhelfen oder ihn stützen zu können. Jeder ist jetzt für sich.

Manchmal bittet Børge mich oder ich ihn, das Tempo etwas zu drosseln. Mir wird jedesmal seltsam dabei – als würden wir für immer stehen bleiben. Aber dann schütteln wir uns und entreißen uns jedesmal der tückischen Lethargie. Unser Tempo zu verlangsamen kommt nicht infrage: In zwei Tagen treibt uns der Sturm wieder von unserem Ziel weg, noch ehe wir es erreicht haben. Uns bleiben noch ganze 48 Stunden und nicht mehr, um bis zum Nordpol zu gelangen.

Kapitel Achtzehn

Ganz oben

Zwei oder drei Tage lang sah es so aus, als versuche die Sonne mit aller Kraft, sich vom Südpol loszureißen, um ins Reich des Nordpols einzutauchen. Der Ausgang dieses Kampfs erschien die längste Zeit ungewiss, aber jetzt ist sie tatsächlich da und hängt volle 24 Stunden am Himmel. War uns die Sonne nach zwei Monaten der Finsternis zunächst nur als eisige Fata Morgana erschienen, so blicken wir jetzt auf das Original, das auch Schatten wirft. Die fast unmerkliche Wärme, die sie abzustrahlen scheint, ist aber nur Einbildung. Obwohl diese Sonne echt ist, hat sie etwas Unwirkliches, so unwirklich wie die Landschaft, die wir durchqueren. Schon deshalb, weil wir uns seit dem Start dieser Expedition so fühlen, als bewegten wir uns als die ersten Menschen über einen fremden Planeten, auf dem es kein Leben geben kann – als sei dieser nach einer unvorstellbaren Katastrophe vor Jahrtausenden zu Eis erstarrt und liege jetzt unter einem eisigen, feindlichen Hauch. Wie Astronauten im Raumanzug ziehen wir einem ruhmreichen Schicksal oder dem stillen Untergang entgegen.

Jetzt ist es so weit! Wir stehen auf dem Eis des Nordpols. Børge hat es sofort erkannt: Es ist fester und dichter,

Seine kompakte Beschaffenheit schlägt sich in einer dunkleren Tönung nieder. Aber um das zu erkennen, braucht man schon das Auge des »Königs der Arktis«.

Hier und da begegnen uns noch einige Stellen mit offenem Wasser. Zum Glück sind sie nicht so groß, dass wir hineinsteigen müssen. Ich bin so müde und erschöpft, dass ich nicht mehr den Mut hätte, sie zu durchschwimmen. Außerdem haben sich die optimistischen Wetterprognosen nicht bestätigt. Die böigen Winde blasen uns mit fünf Metern pro Sekunde von der Seite her an. Und obwohl »nur« − 22 °C herrschen, treiben wir wieder in die falsche Richtung ab.

Für morgen ist noch schlechteres Wetter angesagt. Wir hoffen auf eine Fehlprognose.

Wenigstens bessert sich der erbärmliche Zustand, unter dem ich seit Tagen leide, im Verlauf der nächsten Stunden ein wenig. Es müsste der vorletzte Tag unserer Expedition sein. Ich spüre, dass es rasch mit mir bergauf geht. Wenn ich selbst eine Diagnose stellen müsste, würde ich nicht mehr auf eine Vergiftung mit Benzin tippen. Als Ursache meiner Krankheit sehe ich jetzt vielmehr die Infektionsherde in meinen erfrorenen Fingern und an der Nasenspitze an: Wahrscheinlich haben die Keime meinen gesamten erschöpften und abwehrgeschwächten Organismus überschwemmt. Als einzige Verteidigung konnte er nur noch versuchen, möglichst viel von diesem »vergifteten« Blut loszuwerden. Die Schmerzen, die mich unablässig gequält haben, klingen langsam ab. Und sogar der Appetit kehrt zurück. Die Antibiotika schlagen endlich an. Es sieht so aus, als habe das Schicksal beschlossen, mich lebend ans Ziel kommen zu lassen. Zwanzig Kilometer vor dem Nordpol zu sterben wäre nicht nur tragisch, sondern auch ziemlich dumm gewesen.

Erst jetzt kann ich so richtig nachvollziehen, was die großen Pioniere vom Anfang des 20. Jahrhunderts durchgemacht haben. Ihre Leiden werden für mich konkret und spürbar, weil ich sie über die große Zeitspanne hinweg mit ihnen teile.

Die Entfernung, die uns am Ende des Tages noch von unserem Ziel trennt, löst bei uns gemischte Gefühle aus. Ein Lauf von zwanzig Kilometern ist für Männer wie Børge und mich, die Extremtrekking gewohnt sind, eigentlich ein Spaziergang. Und verglichen mit dem, was wir hinter uns haben, bedeutet er einen Katzensprung. Aber angesichts unserer totalen Erschöpfung und der Wetterbedingungen ist diese Strecke sehr lang!

Um unsere Erfolgsaussichten zu erhöhen – oder die Risiken eines Scheiterns zu begrenzen –, schlage ich Børge vor, an diesem Tag noch fünf Kilometer weiterzulaufen.

»Die Wetteraussichten verdüstern sich dramatisch«, sage ich. »Deshalb sollten wir unser Lager erst 15 Kilometer vor der Ziellinie aufschlagen. Wir können die Nacht verkürzen. Wenn wir jetzt alles geben, haben wir einen kürzeren Endspurt vor uns.«

Børges Blick verrät alles: »Ich glaube«, sagt er, »dass wir heute schon mehr als genug aus uns herausgeholt haben, Mike. Sollen wir zwanzig Kilometer vor dem Ziel zusammenklappen?«

Die Antwort erübrigt sich. Schweigend bereiten wir unser Biwak vor, essen in einer Art Dämmerzustand zu Abend und versuchen uns klarzumachen: Wenn keine Katastrophe eintritt, und das ist eher unwahrscheinlich, haben wir es MORGEN geschafft!

MORGEN!

Wir können es nicht fassen.

Der nächste Tag, der 23. März 2006, der 61. Tag der Expedition. Er wird einer der wichtigsten in meinem Leben bleiben. Und Børge Ousland geht es ebenso. Wir können uns nur schwer vorstellen, dass dieser Tag unser letzter vor Erreichen des gemeinsamen Ziels ist, zu dem wir uns am 22. Januar aufgemacht haben.

Zwei Monate und ein Tag.

Wenigstens laufe ich völlig gesundet in die Zielgerade ein. Die Schmerzen und die Übelkeit der vorigen Tage sind verschwunden, sodass ich den Endspurt voll genießen kann.

In den letzten beiden Stunden im Schlaf sind wir wieder zurückgetrieben, aber nur um zwei Kilometer. Folglich haben wir an diesem schicksalhaften 23. März eine letzte Strecke von 22 Kilometern vor uns.

Wir starten früher als gewöhnlich, sowohl aus Ungeduld als auch um möglichst sicherzustellen, dass wir vor Mitternacht unser Lager am Pol aufschlagen werden.

Es ist Zeit, die Sache zum Abschluss zu bringen. Die Sonne hat den Himmel endgültig erobert, und die Polarnacht, um die es bei dieser Expedition ging, ist vorbei.

Und damit auch unser Rennen.

Aber vielleicht nicht nur deswegen: In der Ferne entdecke ich die typische dunkle Wolke, die über »wärmerem« Wasser in der eisigen Luft kondensiert. Diese Wolke, die seit Sonnenaufgang sichtbar geworden ist, gehört zu denen, die in der Polarregion die Gegenwart von offenem Wasser verraten. Nur drei Stunden vom Pol entfernt.

Mir wird sozusagen der Boden unter den Füßen weggezogen. Ich spüre noch genug Kraft in mir, um mit dem Schlitten hinter mir die letzten Kilometer herunterzureißen, schaffe es aber sicher nicht mehr, ins Wasser zu steigen und mit dem Schlitten im Schlepptau eine weite Strecke zu schwimmen. Und Børge würde sicher dasselbe sagen.

Bei jedem unserer Schritte bestätigt sich mehr, dass es eine solche riesige Wasserfläche tatsächlich gibt. Sie muss erst vor Kurzem entstanden sein, denn wie wir bald feststellen, ist die Eisschicht auf ihr noch so dünn, dass wir sie nicht zu Fuß überqueren können.

Aber diesmal zeigt sich die Natur gnädig. Während wir an dem langgezogenen, finsteren See in Nordrichtung entlanggehen, erkennen wir durch die veränderte Perspektive, dass er in einem 90-Grad-Winkel nach Westen abknickt und sich zudem unter dem Schub des Eises wieder schließt.

Beschert uns das Eis auf der Zielgeraden die wohlverdiente ebene und freie Piste? Leider nicht. Nur noch eine Stunde vom Pol entfernt, stoßen wir auf eine der schlimmsten Packeiszonen der letzten Zeit. Es ist, als wolle uns die Arktis sagen: »Habt ihr wirklich geglaubt, dass es so einfach wird?« Als habe sie uns eine letzte böse Überraschung bereiten müssen.

Gerade in diesem Moment fällt Børge die Führung zu.

Der »König des Packeises« läuft zu Hochform auf, während er uns durch dieses Labyrinth der Hölle schleust. Fast eine Stunde lang schwitzen, keuchen, zerren, hieven, schuften wir und machen uns darauf gefasst, dass wir am Pol nicht einmal unser Zelt aufstellen können, wenn es dort genauso aussieht. Aber wir kommen voran.

Achthundert Meter vom Pol entfernt hört das Packeis endlich auf und weicht einer gemischten Zone mit aufgetürmten Schollen und zerborstenen Eisbrocken, die überall herumliegen. Erstaunlicherweise befinden wir uns nicht auf altem, mindestens drei oder fünf Meter dickem Eis. Mit einer Stärke von nur 1,5 bis zwei Metern müsste es ungefähr zwei Jahre alt sein. Wie dem auch sei, es bildet einen ausgezeichneten Untergrund zum Laufen, auf dem wir zudem problemlos unser Zelt aufschlagen können.

Børge holt sein GPS-Gerät heraus.

»Du hast die Ehre, Mike«, sagt er, »Geh du vor. Du wirst den Pol als Erster betreten. Ich war schon da.«

Dieser Wikinger ist ein großmütiger Mann. Aber es ist unsere Expedition. Wir werden sie jetzt am Ende nicht zum Solotrip degradieren.

»Nein«, sage ich, »kommt nicht infrage. Wir betreten ihn gemeinsam oder gar nicht.«

Wir setzen die Digitalkamera auf meinen Schlitten, um aus der Froschperspektive unsere letzten Meter zu dokumentieren, aber durch das Ruckeln fällt sie herunter. Nach mehreren vergeblichen Versuchen nimmt Børge den Apparat an sich und filmt uns bei unserem Lauf zum Pol.

Auf der kanadischen Seite ist ein Sturm losgebrochen, der das Eis unter unseren Füßen wieder nach Südosten abtreibt. Ein letztes Mal das Förderband … Damit wir

unser Ziel sicher erreichen, müssen wir sozusagen dane-
benzielen und es in nordwestlicher Richtung anvisieren.
Es folgt ein Verwirrspiel, bei dem unsere GPS-Geräte, die
wir ständig enteisen müssen, widersprüchliche Angaben
machen. Zehn Meter nach rechts, zeigt Børges Instrument
an, 13 Meter nach links, widerspricht ihm meines.

Beim Gedanken, auf diesen imaginären Punkt zu treten,
verspüren wir so etwas wie Ehrfurcht und sogar heilige
Scheu, als sei der nördlichste Punkt der Erde mit einem
Tabu belegt.

Børge misst mit seinem Gerät den sich verringernden
Abstand und zählt laut vor: »150 Meter, 100 … 50 …
40 … 20 … 13 …«

Und dann stehen wir nach Børges Gerät auf dem Nordpol. Mit meinem kann ich es zunächst nicht bestätigen,
aber dann zeigt es plötzlich doch ebenfalls die 90 Grad
nördlicher Breite an.

Wir haben es endgültig geschafft!

Es ist 23.55 Uhr GMT, also 22.55 Uhr mitteleuropäischer
Zeit an diesem 23. März, als wir im Glanz der Mitternachtssonne und bei – 28 °C den »höchsten Punkt« des
Globus betreten. 61 Tage nach dem Start unserer Expedition.

Wir befestigen unsere beiden Flaggen an ein und dem-
selben Skistock und rammen ihn exakt am nördlichsten
Punkt der Erde ins Eis. Dann verewigen wir uns selbst
mit der Kamera. Die Bilder werden triumphal das Gelingen des ersten Versuchs verkünden, den Nordpol in der
Polarnacht zu Fuß zu erreichen.

Wenn wir früher auf unseren Expeditionen ins Ziel
gelangten, haben uns meist zahlreiche Freunde mit

Applaus und Glückwünschen empfangen. Diesmal ist jeder von uns beiden der einzige Zuschauer und Fan des anderen. Auch das macht diesen Augenblick so besonders.

Am Ziel gratulieren und danken wir uns: »Gemeinsam haben wir es geschafft. Danke, mein Freund!« An unseren Wimpern frieren Tränen fest. Jeder von uns beiden umarmt den Mann, der für ihn mehr geworden ist als ein Partner und Teamkamerad: seine zweite Hälfte. In einer gemeinsamen Aktion haben Børge und ich ein Stück Geschichte der Arktis geschrieben.

Beinahe enttäuscht stellen wir fest, dass dieser einzigartige Punkt, dieser Ort der Legenden, der Geschichten und der Geschichte, sich von den Millionen Quadratkilometern des umliegenden Eises, die wir so tapfer durchquert haben, durch nichts unterscheidet.

Auch hier haben wir nur Schnee, Eis und Wasser unter den Füßen. Und kein Monument, keine Grenzlinie und keine Gedenktafel markiert diesen symbolträchtigen Ort. Aber das hätte natürlich auch gar keinen Nutzen oder Sinn, denn im Gegensatz zum Südpol besteht die Arktis ja nur aus einer Eisdecke, die ständig in Bewegung ist. Dieser Punkt auf dem Eis, den wir soeben mit dem Stolz des Entdeckers betreten haben, wird sich schon morgen vom geografischen Nordpol fünf, zehn oder zwanzig Kilometer entfernt haben. Vielleicht schon früher.

Schon jetzt treiben wir weiter und entfernen uns wieder vom Pol. Und er entfernt sich von uns – der Beweis, dass niemand auf ihn Anspruch erheben oder ihn gar erobern kann. Aber einige Sekunden lang hat er uns gehört. Zwei Monate Strapazen für diesen Augenblick des Triumphs. Und selbst dieser Triumph ist illusorisch.

Denn der Moment, an dem wir unsere Flaggen an diesem Punkt aufgepflanzt haben, ist weniger wichtig als die Reise, die uns hergeführt hat. Und die Spuren, die wir in der langen Polarnacht zurückgelassen haben und die schon wieder verweht sind, haben weniger Bedeutung als die bleibenden Erfahrungen in uns.

Trotzdem bleibt dieser äußerste nördliche Punkt, so unbeständig er erscheinen mag, für viele ein unerreichbarer Wunschtraum. Und er krönt immer noch die Existenz derjenigen, die sich wie Børge und ich diesen Traum erfüllt haben.

Er löst ein Feuerwerk an Gefühlen und Empfindungen aus. Auf den geografischen Nordpol konzentrieren sich die Emotionen. Kein Ort auf der Welt ist so sehr mit ihnen behaftet wie dieser Punkt, an dem, mit bloßem Auge betrachtet, rein gar nichts geschieht.

Und dennoch ist seine magische Kraft körperlich spürbar. Denn in diesem Punkt steht die Zeit, die sich in einer Drehung des Erdballs um 15 Grad pro Stunde äußert, faktisch still. Wer auf dem Nordpol steht, befindet sich im Schnittpunkt aller Zeitgrenzen. Wenn er sich einmal um die eigene Achse dreht, blickt er nacheinander von der Zeitzone Chinas über die Südafrikas und Amerikas bis zu der Australiens in sämtliche Zeitzonen der Welt. Und wenn er sich in die entgegengesetzte Richtung dreht, läuft die Zeit zurück. Nach diesem Punkt werden scheinbar sämtliche Wecker der Erde gestellt, kommen alle Züge an und starten sämtliche Flugzeuge. Wer hier steht, nimmt – zumindest symbolisch – an allem irdischen Tun Anteil. Er kann als einziger Mensch auf der Erde seine Uhr beliebig stellen, ohne auf alle anderen Uhren Rücksicht nehmen zu müssen. Er steht im Zentrum des großen Rads der Zeit und kann sich als deren Herr fühlen.

Gleichzeitig wird er ein Opfer der Zeitlosigkeit, weil es ihm nicht gelingt, für die Ankunft an diesem Punkt eine »offizielle« Uhrzeit anzugeben. Er muss sich von jeder Eitelkeit verabschieden und nach einem anderen Fixpunkt suchen.

Und dabei steht er – zumindest für einen Augenblick – auf dem »höchsten Punkt« des Globus, der sogar den Mount Everest zu überragen scheint wie der Turm einer Kathedrale den übrigen Kirchenbau.

Von 90 Grad nördlicher Breite aus gesehen, liegt alles andere im Süden – und damit auf allen Weltkarten weiter unten. Der Nordpol ist der Anfang und das Ende von allem.

Kapitel Neunzehn

Na Sderowje!*

Beschwingt genießen wir diese unwirkliche Stimmung und wissen, dass sie nur kurz währen wird. Wir erleben einen der großartigsten Augenblicke unseres Lebens.

Hier vor Ort verstehe ich schließlich, was Børge mit der »Magie« meinte, die er vor unserer Expedition beschworen hat. Damals hatte ich ihn gefragt, was ihn zum vierten Mal zum Nordpol ziehe. Und er hatte recht: Diese Magie spürt man nur, wenn man hier steht. Und das muss man sich redlich verdient haben.

In aller Bescheidenheit glaube ich, dass wir das für uns in Anspruch nehmen dürfen. Wir haben ein Stück Geschichte der Arktis geschrieben. Das kann uns keiner mehr nehmen. Anders als der Amerikaner Peary, dem viele nicht glauben wollen, dass er 1909 den Nordpol mit Eskimo-Führern und Hundeschlitten tatsächlich erreicht hat, können wir unsere Glanzleistung dank der modernen Technik unwiderlegbar beweisen.

Ehrlich gesagt, glaube ich nicht, dass sie wiederholt wird. Ich selbst jedenfalls würde mich in diese Situation kein zweites Mal hineinbegeben. (Nun ja, das sage ich

* Russisch: »Prost!«

214

jetzt!) Schon deshalb nicht, weil ich mir nun einer Sache absolut sicher bin, die für mich vor zwei Monaten noch nicht so ganz feststand: Allein hätte keiner von uns dieses Ziel unter diesen Umständen erreichen können. Das steht für mich jetzt zweifelsfrei fest.

Für die meisten bleibt das, was wir vollbracht haben, eine leere Abstraktion. Das kann man ihnen nicht übel nehmen. Denn man begreift es nicht, wenn man es nicht erlebt hat. Und sogar wir brauchen noch etwas Zeit, um richtig zu erfassen, was wir vollbracht haben.

Wir stellen das Zelt auf und warten auf die Ankunft der Russen, die uns abholen werden. Die Basisstation Barneo konnte, anders als geplant, wegen des schlechten Wetters offenbar noch nicht errichtet werden. Und der Sturm, dem wir ausgewichen sind, hindert jetzt die Hubschrauber am Starten.

Wir schlüpfen in unsere Schlafsäcke und kosten unseren Sieg aus. Børge sagt mir, dass ich wie ein Achtzigjähriger aussehe. Und er sehe wie neunzig aus, kontere ich lachend. Er holt den großen selbst gebackenen Schokoladenkuchen seiner Frau aus seinem Schlitten, den er für unsere Siegesfeier mitgebracht hat. Und ich habe so viel Kaffee und Zucker angespart, dass wir jetzt erstmals beide eine volle Tasse genießen können: zwei Gramm pro Person!

Unser Abenteuer dauert noch ein wenig an – in Form eines Wachtraums, der uns weiter verfolgt: Finstere Wasserflächen, Gebirge aus Packeis und Bären tauchen auf. Ich sehe die beiden Jungbären wieder vor mir, die um uns herumstrichen und sich vor den Augen ihrer Mutter auf meinen Schlitten stürzten. Wir unterbrechen den Traum immer wieder und rufen über Satellit unsere Familien, Freunde und Sponsoren an oder verschicken Fotos.

Draußen steht die majestätische und kalte Sonne, die uns unseren Schatten wiedergegeben hat, wie das Tagesgestirn einer Phantasiewelt tief über dem Horizont.

Plötzlich hören wir ein Geräusch, das wir seit einer Ewigkeit nicht mehr gehört haben: »Flapp, flapp, flapp …« Die Hubschrauber sind da! Das letzte Mal haben wir sie am Kap Artichesky gehört.

Als uns die Russen am 26. März 2006 um 19 Uhr mitteleuropäischer Zeit endlich auflesen, haben wir uns nach zwei Tagen der Abdrift zwanzig Kilometer vom Pol entfernt. Erst als wir in den Hubschrauber steigen, wird uns so richtig bewusst, dass unsere Expedition zu Ende ist.

An Bord erwartet uns ein Arzt. Er untersucht mich und stellt fest, dass ich mich dank der Antibiotika und der knapp drei Tage vollständiger Ruhe zu seiner Zufriedenheit erholt habe.

Die Piloten sind dieselben, die uns zwei Monate zuvor am Kap Artichesky abgesetzt haben. Sie bekunden uns Respekt und Bewunderung und lassen durchblicken, dass sie uns vor sechzig Tagen als Todeskandidaten ansahen.

Nach zwanzig Minuten Flug steigen wir an der Basisstation Barneo aus. Bislang stehen nur zwei der Gemeinschaftszelte. Der Lärm, der Rauch und vor allem die Wärme dort sind uns unerträglich. Wir haben zwei Monate Stille und extreme Kälte hinter uns. Nach dem Willkommensmahl, das wie üblich mit Strömen von

Wodka begossen wird, stellen wir noch einmal unser Zelt auf, in gebührendem Abstand.

Jetzt beginnt erst einmal das Warten.

Die Russen sind warmherzige Leute. Ganz besonders, wenn der Wodka ihr Herz erwärmt. Der Verbrauch der Mannschaft dürfte bei erschreckenden vierzig Litern pro Tag liegen. Die Leute in Barneo, die praktisch nie richtig nüchtern sind, begegnen uns mit einer Gastfreundlichkeit, die wir unter gewöhnlichen Umständen zu schätzen wüssten. Aber hier brauchen wir eine Art Dekompressionskammer. Genauer gesagt, Ruhe, um langsam in der Zivilisation anzukommen. Wenigstens haben die Leute mehr Interesse an der flüssigen als an ihrer festen Nahrung. So haben sie absolut nichts dagegen, dass wir uns von ihrem Proviant bedienen, weil unserer zur Neige gegangen ist.

Am blauen Himmel taucht ein Frachtflugzeug auf und wirft die Planierraupe ab, mit der eine Landepiste geebnet werden soll. Bald soll eine Maschine mit einer Gruppe von Freunden, Angehörigen, Sponsoren usw. eintreffen. Nach einigen Stunden Aufenthalt wird sie uns dann mit zurücknehmen.

Leider öffnen sich die Fallschirme nicht, die an dem Caterpillar befestigt sind. Wie eine Bombe kracht er aufs Eis. Der Verlust beträgt mehrere hunderttausend Dollar.

Einige Tage später bringt ein weiteres Frachtflugzeug aus Moskau einen zweiten Bulldozer, der den Schnee beiseiteräumen soll, und auch das große Fresspaket, um das ich Cathy gebeten habe. Wir wollen die Gastfreundschaft unserer Freunde nicht über Gebühr strapazieren.

Fondue, Weißwein, Mousse au Chocolat, Chips, Trockenfleisch, Langusten … Unsere Verköstigung verbessert sich deutlich. Das Paket enthält auch saubere Unterwäsche. Ein Segen! Mangels einer Dusche schlagen wir ein Loch ins Eis und gönnen uns eine Schnellreinigung im Polarmeer.

Endlich ist der 5. April da …

Schwerfällig setzt eine uralte Antonow auf der – mit unserer Hilfe – frisch geebneten Eispiste auf. Um die dreißig Personen steigen aus, darunter Børges Mutter, die ihren großen Sohn in die Arme schließen will. Dass unsere Freunde den weiten Weg bis hierher zurückgelegt haben, um uns zu begrüßen, erwärmt mir das Herz. Aber am glücklichsten macht mich natürlich, dass Cathy und meine Töchter gekommen sind. Ich schließe sie in die Arme und fühle mich endlich ein wenig zu Hause.

Gelegentlich hält man mir vor, dass ich zu viel Zeit fern von meiner Familie verbringe. Dem halte ich entgegen, dass ein Vater nur das taugt, was er seinen Kindern gibt. Von mir bekommen sie Spannung und große Gefühle. Dies ist das Band, das uns eint.

Auch diesmal hat die Reise weder sie noch mich enttäuscht.

Kapitel Zwanzig

Der Wikinger und der Springbock

Mit vereinten Kräften haben der »König der Arktis« und der »Navigator« das erreicht, was zuvor keinem je gelungen war. Darauf sind wir, ganz unbescheiden gesagt, ziemlich stolz.

Wenn man mich nach dem Geheimnis unseres Erfolgs fragte, würde ich auf drei Voraussetzungen hinweisen:

Erstens: das perfekte zeitliche Zusammentreffen günstiger äußerer Bedingungen, unserer physischen Fitness und inneren Bereitschaft. (Nach der Rückkehr von meiner letzten Polarexpedition suchte ich nach einem neuen Vorhaben. Gerade da wollte Børge seine Abenteurerkarriere mit diesem Projekt krönen und brauchte den richtigen Partner.)

Zweitens: der unbeugsame Wille, das gemeinsame Ziel erreichen zu wollen.

Drittens: dass es uns gelungen ist, zwei unterschiedliche Charaktere, von denen nicht klar war, ob sie zusammenpassen, zu einem echten Team zusammenzuschweißen. Anfangs waren Børge und ich zu zweit, in Wahrheit aber doch allein unterwegs. Obwohl wir beide starke Persönlichkeiten sind, konnten wir uns anpassen und aufeinander einstellen. Als wir unser gemeinsames Ziel erreicht hatten, nahm jeder wieder seine Gewohnheiten und Eigenarten an.

Als wir nur noch wenige Kilometer vom Nordpol entfernt ein letztes Mal die Plätze wechselten, wurde mir mit einem Blick auf Børge erst so richtig klar, welch unglaubliche Entwicklung uns zusammengeschweißt hatte. Unser Zusammenwirken war nicht immer einfach. Wir haben beide unsere Eigenarten. Wir kannten uns und waren Freunde. Børge hatte mich vor meiner Expedition *Arktos* mit Rat und Tat unterstützt. Aber zu Beginn dieses Abenteuers waren wir doch ganz verschiedene Menschen und fast Fremde. Wir hatten noch keine Expedition zusammen unternommen und stürzten uns nun gemeinsam in die Gefahren, ohne zu wissen, wie wir tagtäglich persönlich miteinander auskommen würden. Trotz Freundschaft und gegenseitigem Respekt barg diese menschliche Unwägbarkeit ein großes Risiko. Aber wir waren beide fest entschlossen, unser gemeinsames Ziel, den Nordpol, unter allen Umständen zu erreichen. Diese Gemeinsamkeit hat sämtliche Unterschiede ausgelöscht und wie ein Katalysator gewirkt.

Natürlich wurden wir nicht über Nacht zu einem echten Team. Wir mussten vielmehr aus jedem Zwischenfall Lehren ziehen und sie positiv für uns nutzen. Ein Schlüsselerlebnis war die Nacht, als ein Bär seinen Kopf in unser Zelt steckte, während ich weiterschlief. Ich lernte dreierlei: Ich musste wachsamer sein, mich als Teil eines Tandems begreifen und mir meiner Verantwortung nicht nur für mein eigenes, sondern auch für Børges Leben bewusst sein.

Mit Børge machte ich ganz neue Erfahrungen. Und dabei lernte auch er mich kennen und wertschätzen.

Und so stellte auch er sich immer besser auf mich ein. Er erfuhr, dass es nicht nur »die richtige, die falsche und meine Art« gibt. Er musste sich seinerseits mit meiner Art auseinandersetzen. Er war bereit, Neues auszuprobieren, und war dabei offen, aufgeschlossen und neugierig. Diese Eigenschaften habe ich auf die Liste der Qualitäten gesetzt, die ich an ihm besonders schätze.

Als wir unsere Flaggen am Pol aufpflanzten, wussten wir beide, dass unsere gemeinsamen Erlebnisse und Leiden alle Gegensätze zwischen uns ausgelöscht hatten. Unsere wenigen zurückliegenden Konflikte waren vergessen. Wir hatten uns gegenseitig geholfen, uns vor allem in unseren jeweiligen Stärken und Fähigkeiten perfekt ergänzt und damit das gemeinsame Ziel erreicht. Wir waren als Freunde gestartet und erreichten den Nordpol als Brüder.

Das Wort »Brüder« tauchte in den Tagen und Wochen nach der Rückkehr in unseren Gesprächen, Interviews und Pressekonferenzen denn auch immer wieder auf, ohne dass wir uns abgesprochen hätten. Trotz der geografischen Ferne – Børge lebt in Oslo, ich wohne in der Schweiz – und unabhängig vom seltenen Kontakt sind wir uns im Innersten immer noch sehr nahe. Inzwischen habe ich mich wieder daran gewöhnt, dass mich kein Børge mehr dreimal in der Nacht mit einem: »Hast du gehört?« schüttelt. Aber bei jedem Piepsen eines Weckers murmelt mir eine ferne, ernste Stimme ins Ohr:

»Time« …

Kapitel Einundzwanzig

Ein Wort zum Schluss

Nach der gemeisterten Herausforderung und dem Ende des Rennens bleibt, wie ich hoffe, eine Lehre zurück. Was braucht ein Mensch zum Erfolg? Was benötigt er, um sein Ziel – ob Nordpol oder etwas anderes – zu erreichen? Willenskraft, Anpassungsfähigkeit, Neugierde, Entschlossenheit und etwas Mut. Mit anderen Worten: die Eigenschaften, die Børge und ich während dieser Expedition zu beweisen versuchten. Unser Wagnis kann so als Gleichnis des Lebens dienen. Jeder Leser, Mann oder Frau, kann zwischen unserem Lauf zum Nordpol und seiner Existenz eine Parallele ziehen. Wenn wir von uns reden, reden wir auch von den anderen.

Die Arktis hat mich an die Relativität der Dinge und an etwas Selbstverständliches erinnert: Die Welt dreht sich auch ohne mich weiter.

Auf dem Packeis sind das Leben und die Verhältnisse unterschiedslos eins: Alle und alles sind gnadenlos den Gesetzen der Natur unterworfen. Die Natur ist die oberste Richterin. Früher oder später wird sie – daran mögen sich alle Verschmutzer der Erde erinnern – gegen alle, die ihr den Respekt versagt haben, schwere Strafen verhängen.

Je größer die Erfahrung ist und je besser die Risiken ein-geschätzt werden können, desto geringer ist die Angst.

Vorankommen heißt, mit seiner Angst umgehen lernen. Angst ist unverzichtbar, aber man muss sie beherrschen können. Sie hält einen am Leben. Sollte ich einmal keine Angst mehr haben, haben diejenigen recht, die mich für verrückt erklären. Dann bin ich erstmals richtig in Gefahr.

Jeder hat seine eigenen Kriterien für Irrsinn. Für mich besteht er darin, mit einer Krawatte am Hals ins Büro zu gehen.

Ich habe nie eine selbstmörderische Haltung gehabt. Ich möchte gern alt werden. Ich will meine Urenkel auf mei-nem Schoß hüpfen lassen und ihnen von meinen Aben-teuern erzählen. (Auch auf die Gefahr hin, dass sie sie gar nicht hören wollen …)

Nur weil ich mich ins Abenteuer stürze, bin ich keines-wegs meiner Familie gegenüber gleichgültig. Aus Liebe zu ihr kehre ich immer zurück.

Die Freiheit, losziehen und gern zurückkehren zu kön-nen, ist keineswegs selbstverständlich. Man muss sie sich verdienen.

Jeder Tag, an dem man nichts gelernt hat, ist ein verlore-ner Tag.

Leben ist eine Auszeichnung. Das muss man jederzeit im Auge behalten.

Ich glaube nicht, dass man in der Arktis heute noch viele neue Abenteuer bestehen kann. Man weiß natürlich nie …

Dank

An meine Sponsoren und Partner:

Officine Panerai (Uhren, Hauptsponsor), Miauton und Getaz Ranang, Eider (Polarkleidung), Salomon (Ski), Julbo (Brillen und Masken), Morand (Töpfe), Petzl (LED-Stirnlampen), Energizer (Lithiumbatterien Ultima), Swisscom Mobile und Swisscom Innovation (Übertragungen von SMS, Fotos und Tönen), Bluewin (Blogs auf Deutsch, Englisch und Französisch), Hewlett Packard (Schweiz) GmbH, Sony Europe (HD-Material und spezielle Digitalkameras), Mark Turner Offshore Challenges, Saas-Fee-Bergbahnen, Ferrino, Geolink, Katadyn, Ice Breaker, Nestlé Nutrition, Montana Sport International, Chocolats Villards, Diamir, Noël Fourrures, Helly Hansen, Helsport, Schweizer Illustrierte.

Dank auch an:

Philippe Varrin, Roberto Schweizer, Josie Robinson, Simon Hofmann, Markus Wyss, Pascal Bovet, Alix & Christian Landolt, Fabian Furrer und alle, die bei der Organisation und beim Empfang meiner Pressekonferenz in Saas-Fee mitgewirkt haben, Jean-Jacques und Hélène Miauton, Olav Grinde, Sebastian Devenish.